梦想北大丛书

高分背后的故事

李祎 主编

图书在版编目（CIP）数据

高分背后的故事 / 李祎主编. —北京：北京大学出版社，2018.4
（梦想北大丛书）
ISBN 978-7-301-29323-2

Ⅰ.①高… Ⅱ.①李… Ⅲ.①学习方法 Ⅳ.①G442

中国版本图书馆CIP数据核字(2018)第036710号

书　　名	高分背后的故事 GAOFEN BEIHOU DE GUSHI
著作责任者	李　祎　主编
责任编辑	巩佳佳　张宇航
标准书号	ISBN 978-7-301-29323-2
出版发行	北京大学出版社
地　　址	北京市海淀区成府路205号　100871
网　　址	http://www.pup.cn　新浪微博：@北京大学出版社
电子信箱	zyjy@pup.cn
电　　话	邮购部 62752015　发行部 62750672　编辑部 62754934
印　刷　者	北京溢漾印刷有限公司
经　销　者	新华书店 650毫米×980毫米　16开本　15.75印张　175千字 2018年4月第1版　2018年4月第1次印刷
定　　价	48.00元

未经许可，不得以任何方式复制或抄袭本书之部分或全部内容。
版权所有，侵权必究
举报电话：010-62752024　电子信箱：fd@pup.pku.edu.cn
图书如有印装质量问题，请与出版部联系，电话：010-62756370

"梦想北大丛书"编委会
（按姓氏笔画排序）

组织编写	北京大学招生办公室
总 顾 问	林建华　高　松
顾　　问	王亚章　孔庆东　刘明利　孙　晔
	孙东东　杨立范　初育国　陈跃红
	秦春华
主　　编	李　祎
副 主 编	李　喆　林　莉　卿　婧
编　　委	方晓晖　李　祎　李　喆　林　莉
	卿　婧　覃韡韡　熊光辉

校 长 寄 语

林建华

  大学是人类文明的灯塔。一百多年前,现代大学在中国兴起,并迅速成为创新知识、砥砺思想、推动社会进步、为"旧邦"开"新命"的重要力量。其中,最具代表性的当属北京大学。作为中国第一所国立综合性大学,北大始终与国家和民族的命运紧密相连,在中国现代教育史、科学史、文化史上占有不可替代的地位。她也以开放包容的态度,既推动西学东渐,又致力于东学西渐,搭建起中外文明交流互鉴的桥梁。

  北大是几代中国知识分子所眷恋的精神家园。而今天,当青春年少的你们面临人生第一次真正重大选择的时候,我希望你们不仅仅以仰视的目光看待北大,而是要真正走进她的校园、了解她的传统、认同她的精神。我也希望你们在选定目标之前,务必要问问自己:我将为何而来?这或许是一个比选择更为重要的问题。在这里,我愿意与你们分享我的理解。

  请你们为真理而来。北大人最可贵的精神就是发自灵魂深处的对真理的向往。与真理同行,可以战胜蒙昧与偏执,更无惧强权与不公,让生命绽放出自由的光彩。北大始终竭力于捍卫学术的尊严,民主与科学是北大精神的内核,这种淳厚的学风,让浸润其间的每一个北大人都有傲然屹立于天地间的勇气和自信。选择北大,也就是选择一生无悔地聆听真理的呼唤,永远坚守信念的力量,由此开启你上下求索的人生。

  请你们为创新而来。鲁迅先生说:"北大是常为新的,改进的运动的先锋,要使中国向着好的,往上的道路走。"北大曾是新文化运动的中心和"五四"运动的策源地,并且从那时起,北大人始终挺立在时代的潮头,引领着变革的潮流。北大人强调"守正",始终坚守我们的传统,走正道、扬正气;北大人也强调"创新",敢为天下先,始终保持着创造新事物、新思想、新时代的理想主义激情。守正创新,这就是北大人所选择的道路。

请你们为梦想而来。青年人的心中,必定充满着对未知世界的渴望和对未来无数美好的憧憬。大学虽只是人生旅程中的一段,但它注定会深刻影响你的整个人生。北大是筑梦之地,我们全校教师的使命,就是要激发你的潜能、启发你的天赋,把你推上梦想实现的命运高峰。而且,大学对人的塑造,绝不仅仅在于知识的传授,更在于文化的传承和精神的传递。北大不仅拥有顶尖的师资、一流的学科和美丽的校园,更拥有兼容并包、自由多元的校园文化氛围,她有能力为你的人格完善和个性发展提供最宽广的发展平台,帮助你成为一个有责任、有灵魂、有智识、有品格的人。

亲爱的同学们,当你们反复沉潜、深思熟虑并为了实现自己的"北大梦"而奋斗拼搏之后,我会满怀喜悦地期待着你们的到来。我深信,你们的选择必将铸就无悔的青春,北大也愿与你们共同书写崭新的历史。

祝福你们!北大欢迎你!

目 录
Contents

逐梦篇

3 ▶ 高中四年学习的经历和心得

　　反复想:答案为什么要这样做?这样做好在哪里?我能不能提出更巧妙的解决方法?这种解法能不能推广到其他题目?经过几年的不懈努力,功夫不负有心人,我高考数学考到了145分。现在,数学成了我最喜欢的学科。

13 ▶ 只是一场梦一般的回忆

　　我一下就蒙了,练琴不同于读书,往往需要日积月累的长久练习。太长时间的搁置,手指已然僵硬,短短十天时间怎么可能恢复,临时抱佛脚是最愚蠢的选择。可笑的是,我答应要去,理由竟然是:现在是1月,北京应该会下雪吧。

21 ▶ 半曲半直觅燕园

　　见到了北大,就像见到了前世的朋友,只是她化成这么一座秀美大气的学堂。我们亲切地相视而笑,仿佛定下了一个约定。我记不清她的样子,但最熟悉的,留下来的就往往只有具象中的抽象。那种感觉,见到了燕园,其他的学校,便都成了将就。

31 ▶ 感谢当初的自己

　　三年勤奋刻苦,却无法踏入燕园,无法漫步未名湖畔,无法瞻仰博雅塔的巍峨,无法聆听大师的教诲,无法与一群最优秀的学生为邻。太多的不甘心,太多的心痛,太多的无奈,就像王菲在《红豆》中唱的那样:可是我,宁愿选择留恋不放手。

40 ▶ 一路向北,寻一份温暖如春

　　记得特别清楚的是在一个12月的夜晚,家里人都已经进入梦乡,我翻来覆去睡不着,坐在书桌前重温《飘》。"只有土地才是天长地久的",读到这句话时,耳机里正好在播《南山南》——"你在南方的艳阳里大雪纷飞,我在北方的寒夜里四季如春",那么一刹那间眼泪就要落下来——是啊,那温暖如春的北方,我真想用尽一切气力去寻你。

45 ▶ 2003—2015

　　在那段如火的岁月里,考试、学案、闺蜜、歌声、凉风、铁楼梯,还有校外不时响起的汽车鸣笛声,一起构成了我年少最美的一段回忆。

54 ▶ 匆匆一年,三生有幸

　　每天最愉快的莫过于课间去开水间喝水,坐在过道旁的我会在下课的第一时间拎着水杯冲出去,冲出压抑得透不过气来的教室,挤过埋头苦学或抱团问题的同学。

62 ▶ 欣于所遇

该怎么形容看到成绩时的感受呢,像是喝了一大杯冰冷的水,然后关了所有灯。我无法说服自己接受在成绩单上第一眼看不到我的名字,无法说服自己接受试卷上刺眼的红色和少得可怜的分数,无法说服自己接受不再优秀的我。我永远无法忘记我是如何在学校默不作声而回到家里在和现在一样寂静的夜里偷偷哭泣。

70 ▶ 地平线

抱着这样的心态,回家吃一顿烧鱼,美美地睡上一觉,下午再战。傍晚出校门买面包时阳光总是金灿灿地洒了一地,回头只看到自己被拉长的身影,天地间有种令人泫然泪下的苍茫气势。"我不相信手掌的纹路,但我相信手掌加上手指的力量",毕淑敏如是说。所以说命运还是可以改变的,在那道地平线之后,仍有许多未知等待着我。

79 ▶ 又一季盛夏将至

又一次早早醒来匆忙地收拾好自己,却发现不久前需要拼命奔赴的高考已然结束;又一次套上校服慢慢地晃到了学校,却发现不久前一整个儿班的欢声笑语已经化作校门口红艳艳的榜单;又一次站在盛夏的暖阳下看一季花开,却发现属于自己的盛夏背后竟有着这么多的经年回忆。

87 ▶ 写给你的故事

那是似乎有些压抑的阴雨天,我却依旧记得那被雨打湿依旧庄严的华表,以及那片华表下鲜绿色的草地。那时我还是一个没见过世面的小女孩儿,没看过太多书,没去过太远的地方,当北大第一次以这样的面貌突然闯入我的视野,似乎也注定了一段"奇妙的尘缘"。

竞赛篇

97 ▶ 在绝望中寻找希望，人生终将辉煌
——论我的数竞情结

在我的"八天暑假"的第五天中午，我在图书馆遇到了我的一位初中老师，她问我什么时候回校，我说8月20日，她说学习真辛苦，一个暑假马上就要结束了。我当时表示赞同，但是转念一想，似乎不太对劲，因为我的暑假总共只有八天，到第五天的中午应该只是刚刚过半而已，根本谈不上什么快要结束了。

106 ▶ 求学十二年

如果说三年前的我还是个迷茫无知的少年，但至少现在，我可以说，我已在追梦的路上。成绩上的赶超不过是冰山一角，真正的赶超，从来都是境界与态度。

113 ▶ 谈谈学习上的一些事情

在高中，对于化学竞赛的兴趣，又使我投入到竞赛班的生活当中，父母没有惮于"竞赛班会耽误高中（高考）生涯"的传说，依然放宽我，依旧给了我自己处理学习关系的机会，并在身后不断鼓励我、支持我。

122 ▶ 不到最后，决不放弃

多年以后，当我在人生的旅途上再碰到坎坷时，我一定又会想起那个高中时的自己，那个即使被现实一次次打倒却咬着牙不肯放弃的自己，那个被逐渐磨去傲气却多了几分韧劲的自己，那个为了梦想而付出，再苦也不停止脚步的自己。

132 ▶ 聊聊我的高中三年

后来因为我对物理确实有兴趣，不是抱着一定要超过谁的想法去学的，而是把学物理当作休闲、享受，因此我也不觉得累，所以我选择继续学习物理竞赛，而在这种享受之中又能有所收获，何乐而不为呢。

141 ▶ 热爱成就梦想

随着学习的深入，知识的增多，我对化学的理解更深入了，对化学的兴趣也更浓厚了，有时看到一个有趣的分子或者反应，抑或是一个巧妙的合成路线，心里总是泛起一种惊喜之感。

147 ▶ 压力是磨炼青春的砺石

虽说对数学有着强烈的热爱，但要说数学的天赋或者解题能力，我却远远不及组内的其他同学。为了冲刺数学的联赛，高二的整个学年我们甚至放下了高中的课程，极力专注于竞赛的学习中去。那段日子的压力也许是整个高中时期最大的。

156 ▶ 判天地之美，析万物之理

题目中"犹抱琵琶"，乍一看"云雾缭绕""峰回路转"，这就是所谓的高考中的难题了。实则也算不上难题，只要不慌不忙，一步步把公式写完整了，找到已知量与未知量的关系，便能"柳暗花明"，问题也就迎刃而解了。

165 ▶ 高中生涯之经验和教训——暨第二次人生总结

　　事实证明我离省队（前7名）的目标还有巨大的实力差距。如果你问我：投入了许多时间和精力，却没有最终实现目标，后不后悔。我的答案是不后悔——满足兴趣，提高能力，同时了解自己的真实实力和差距所在，这收获于我而言，也值得欣慰。

家庭篇

177 ▶ 北大，你也可以 / 回首三年的路

　　家长：我们还把远大理想分解成一个个阶段性目标，比如初一保持在级部前15名，争取夯实基础；初二保持在级部前10名，如高楼平地起；初三保持在级部前5名，好似大厦竣工；要求他高一至高三分别保持在级部前10名、前5名及领先。

　　子女：对考生而言，老师和家长便是坚强的后盾，时时保驾护航，使问题消弭于萌芽状态。单单依靠孩子自己的努力，是很难在艰巨的备考中坚持下来的。父母不仅应该从生活上关心孩子，在学习上同样不能掉以轻心。

189 ▶ 女儿和我们共成长 / 我的感受

　　家长：她的个子太小，便费尽力气地搬来一个小板凳，放在书柜的前面，费力地登上去，费力地打开柜门，面对着书架上满满的书籍，随着喜好每天挑选着不同的书，拿下来，正正经经地坐在小凳子上，一页一页地翻看着，虽然什么也看不懂，却故意模仿着我们，作津津有味、乐在其中的样子。

　　子女：而在整个高三的过程中，这种交谈也是必不可少的。学校里发生的事情、一些困难的学习任务、同学间的话题，都可以和父母交流。温馨的家庭氛围，无论在什么时候都会是巨大的心理支持。

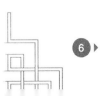

203 ▶ 积跬步，至燕园 / 我是一个平凡的人

家长：孩子上高中后，高一年级不住校，我和妻子总是晚上一起去接孩子，在路上，我们会聊聊天，说说学校的趣事，讲讲笑话。每天晚上，孩子10:00放学到家的十五分钟，是我们一家最轻松、最快乐的十五分钟。

子女：我常常对自己说："把那些赞美与掌声都献给最优秀的人吧，你只是一个平凡的人，只需要默默地学习、探索，让拼搏的青春无愧于自己的内心。"

220 ▶ 家有仙女众人帮 / 脚步不停，追梦不止

家长：妈妈常常担心女儿没有特别拔尖的竞赛成绩能不能参加北京大学的自主招生？还能不能考进北京大学？妈妈便经常给北京大学招生组老师打电话咨询，提出各种各样的问题，老师都耐心地作了解释。

子女：虽说学习是自己的事情，好像与别人没有关系，但是这十二年中，老师与家长的帮助对我的成长起到了十分重要的作用，我一直对他们心存感激和信赖。

逐 梦 篇

山重水复疑无路,柳暗花明又一村。

高中四年学习的
经历和心得

姓　　名：高亦博
毕业中学：江西省莲塘一中
录取院系：经济学院
获奖情况：2014年全国中学生生物学联赛三等奖
　　　　　2014年全国中学生生物学联赛江西赛区二等奖
　　　　　2014年全国高中应用物理竞赛江西赛区一等奖
　　　　　2014年全国高中数学联合竞赛三等奖
　　　　　2014年全国高中化学竞赛南昌市一等奖

我被北京大学经济学院录取了,欣喜万分。回首四年高中生活,有"会当凌绝顶,一览众山小"的万丈豪情;有"长风破浪会有时,直挂云帆济沧海"的乐观自信;有"梦断香消四十年,沈园柳老不吹绵"的悲伤失落……可谓五味俱全。下面,我想和大家分享一些我的学习经历和心得。

初踏征途

因为视力不好,从小学到初中老师容许我可以不写作业,所以父母对我学习没有什么要求,学到多少算多少。当我被莲塘一中直升班录取时,全家人都大吃一惊,包括我自己。因为当时我是抱着试一试的态度参加选拔考试的,只是想了解一下考试是些什么题目而已。妈妈的话至今还印象深刻:直升班的同学是全县的精英,班上有51名同学,你只要不考倒数5名,跟得上,不被淘汰就行了。当然,能考上南大(南昌大学)就更好了。

刚进高中,因为不是所谓的尖子生和学霸,所以我还像原来一样,没有任何压力,学到多少是多少。然而,第一次月考结束,老师念成绩排名时,我居然考了全班第3名!我简直不敢相信自己的耳朵。我盯着成绩排名表看了一遍又一遍,反复确认,真的是第3名!那一刻,我惊奇地发现自己原来有如此大的潜力!为此,我激动了好久。好不容易冷静下来,觉得自己非常幸运,撞到的!可接下来几次月考,我都稳在了第3名。一个念头突然蹦出来:考浙江大学!为什么呢?因为我有一个堂兄,初中毕业到杭州自主创业,经过十几年的打拼,现在小有成就,他的创业经历给我很大的启发,他是我心中的偶像,我渴望像他一样闯出自己的一片天地。考浙大!考浙大!这个念头越来越强烈,我第一次有了自己的梦想。

突破瓶颈

每当夜深人静的时候,我都会拿出几次月考的成绩排名表看看,因为我虽然排在第3名,但和第2名相差30多分,和第1名相差60多分。尤其是英语和数学,每次都拖后腿。浙大的梦想,离我很遥远。为了实现梦想,我努力探寻突破瓶颈的方法。

英语一直是我的弱项。也许是因为我从来没有上过什么辅导班吧,掌握的词汇量少,所以从上初中起就成绩平平,如果没有亲身经历,你恐怕无法想象高中自己考108分时,旁边的同学考138分的感受。为了改变这一现象,我狠抓单词、词组。每天中午,我会做一两张英语试卷,把卷中一些单词的变形,不认识的单词和重要的词组抄在笔记本上,早读花至少三十分钟背诵。另外,为了让作文拿高分,我有意搜集一些高级词组和句型,每晚回家坚持练字。对于阅读我也摸索出自己的方法,先看题目,后看原文,这样可以节省大量时间,且正确率高。就这样我的英语成绩逐步提高,高考144分,其中作文24分。

我学习数学的经历非常坎坷。由于初中、高一基础不好,所以学得很吃力。但我不认输,笨鸟先飞,提前预习新课,做大量的习题,遇到不会做的题目,我就抄在错题本上,追着老师问,追着同学问,有时做梦还在解题。错题本上的题目我会反复做,反复想:答案为什么要这样做?这样做好在哪里?我能不能提出更巧妙的解决方法?这种解法能不能推广到其他题目?经过几年的不懈努力,功夫不负有心人,我高考数学考到了145分。现在,数学成了我最喜欢的学科。

赶超"天才"

我在小学、初中学习成绩属于中上，并不拔尖，身边总有人把成绩拔尖的同学称为"天才"。一谈到他们，大家总是认为他们天资卓越，遥不可及，不可战胜。但我却不认为世上有天才，爱因斯坦、牛顿这些著名的科学家，他们小时候的表现并不突出，他们之所以取得优异成绩，是因为他们付出了常人无法想象的艰辛和汗水。我深知事实胜于雄辩，最好的办法就是让自己的成绩赶超他们。由于我从小视力不好，所以不能长时间地看书做题。怎么办？提高学习效率。课堂上，我专心致志，不放过老师讲的每一个知识点。课后，我刻苦钻研，不断改进学习方法，不放过每一道错题。终于，在初中我超越了小学的"天才"，高一高二超越了初中的"天才"。

记得有次月考，我考了全年级第1名，兴奋不已，为此还失眠了，但耳边却不时传来一些同学的质疑和嘲笑，连老师无意中都说："高亦博这次居然考了第1名，某某同学屈居第2名！"什么叫"屈居"？难道他生下来命中注定就该永远第1名吗？开始我听到这些话很生气，但后来我理解了他们，他们认为我不过是运气好，撞上的！我明白要想改变人们长期以来根深蒂固的观念，就只能让自己和所谓的天才同样优秀！我不断地总结经验，积累教训，勤学苦练。为了实现自己的梦想，高中四年，每年我只有大年三十在家住一夜，其余时间都在出租房里学习。终于在高三我的成绩突飞猛进，经常在全年级考前2名。从此，再也没有人怀疑我的成绩是偶然、是靠运气取得的了，可见"世上无难事，只怕有心人"。只要你努力，执着追求，永不服输，你也会成为"天才"。我还常用"你不把自己逼上绝路，你永远不知道自己有多优秀"这句话激励自己，鞭策自己，最终我如愿地考入了北京大学。

战胜失眠

1. 高兴的失眠

我一直在追赶"天才",终于到了高二下学期,我第一次在月考中荣登榜首,多年的辛酸化为了一段时间的狂喜。我晚上常常兴奋得睡不着觉,白天又强迫自己越起越早,希望自己更加优秀,把第2名远远地甩开。结果刚开始几天精力旺盛,可越到后面人越来越疲倦、没有精神,学习效率大幅下降,接下来的月考成绩更是一落千丈,可谓乐极生悲! 我痛定思痛,不断反思,明白是自己过于"贪婪",我又不是什么天才,怎么可能每次都考第1名? 父母也多次提醒我,学习是一个慢慢积累的过程,有起有落才正常。经过几次起起落落,我的心态平和了,再也不会因为成绩的好坏而大喜大悲,失眠自然就好了。

2. 抑郁的失眠

2014年暑假,我有幸参加了北京大学优秀中学生体验营,被北大秀美的自然风光所吸引:未名湖畔的柳影、出水的芙蓉、古朴的博雅塔,让我流连忘返。我被北大深厚的文化底蕴所感染:悠久的历史,"思想自由,兼容并包"的学术传统,优质的教育资源让我向往。我被早上6点在校园朗读英语的学长所激励,被深夜宿舍窗口透出的灯光所感动,被师兄师姐们自由深邃的思想所折服……我要考北大! 我要成为北大的一员! 我要在北大畅游更广阔的知识海洋!

令人烦恼的是2015年在江西三十多万考生里北大统招只有二十几人,可谓万里挑一! 而此时的我正处在瓶颈期,总分老在660分上下徘徊,要想考北大则必须超过680分。我坚持不懈地奋斗,想尽一切办法提高学习成绩,可总是事与愿违,成绩怎么也上不去。为此,我陷入了一段长时间的抑郁。我不愿参加任何课外活动,老是烦躁不安、失眠,觉得吃饭都是浪费时间,更不要说和同学聊天了。我经常半夜打电话给妈妈,告诉她我睡不着,甚至用薰衣草精油、吃安眠药帮助睡眠,但也没有任何作用。有时想到第二天繁重的学习任务在等着我,深夜2点半还没有睡意,急得我用头撞墙……我在抑郁和烦躁中不能自拔,为此父母不时用书信、短信劝解我,叫我不要急,还专门给我请了心理辅导老师来开导我,父母每天晚上11点后都会和我打电话,倾听我心中的想法和抱怨,在他们的关心和鼓励下,我的心渐渐静下来,又能正常学习了。

3. 焦虑的失眠

高考前一星期,我陷入了极度的焦虑中,写作业没心思,英语单词记不住,不愿上晚自习,许多会做的题目突然不会做了;大脑常常一片空白,白天没有精神,晚上又睡不着,经常莫名其妙地乱发脾气,全家人急得团团转。父母、老师找我谈心,我嫌他们唠叨,说来说去总是那么几句,烦!烦!烦!后来,父母上网查找解决办法,给我打印了七八份相关资料,说这是高考焦虑症,每个人都有,只不过轻重程度不一而已。我还看到了一个帖子,有位大哥今年第四次复读,他称自己现在和前面三次一样还是非常紧张,我的这些现象同龄人都有,都是高考焦虑症。当我认清了"病因"之后,终于在高考前夕,我的心情平静了,又能像往常一样看书做题。

感恩生活

高中生活是一幅五彩斑斓的画,蓦然回首,它带给我们的是无尽的回味与感动。

1. 感恩家庭

九岁以前的我经常生病住院,用句玩笑话说,我是在儿童医院长大的,医院的护士没有不认识我的。

记得有一年的除夕夜,我又生病住院,窗外飘着鹅毛大雪,噼里啪啦的爆竹声响个不停,五颜六色的烟花在夜空中绽放。想到别的孩子此刻正和全家人欢度春节,而我却躺在病床上吊针,不禁黯然神伤……

"健健(我的小名),饿了吧,爷爷带了你最喜欢吃的。"话音刚落,爷爷抱着一个裹得严严实实的大包进来。他的头上、身上沾满了雪花,双手通红,微微有些肿。他小心翼翼地打开包裹,原来里面有两个饭煲。他乐呵呵地递给妈妈一个饭煲,说:"快给孩子吃。"妈妈打开饭煲,香喷喷的饺子冒着热气,我高兴地叫起来:"吃饺子喽,吃饺子喽!"绿色的韭菜,薄薄的皮,细嫩的肉,鲜美的汤汁,真好吃!可就在我大快朵颐之时,我无意中看见爷爷正坐在旁边吃饭,那一刻,我深深地感动了,七十多岁的爷爷,为了我,冒着大雪坐了一个多小时的公交汽车赶来,自己却顾不上吃一口……

上了高中,为了节省我的时间,爷爷奶奶每天一大早要赶到菜场买菜,11点必须做好饭,还要花心思变换花样。妈妈中午、下午骑自行车赶到学校为我送饭,炎热的夏天她汗流浃背地守在校门口,大雪纷飞的冬天她就深一脚浅一脚地提着饭煲走到学校……四年从未间断。爸爸虽不能像妈妈一样终日陪伴着我,但他只要有空就会陪我散步、和我谈心,还经常打印一些时事新闻、蕴含人生哲理的文章给我看,关注我的思想,关心我的心理……尤其是高考前一星期,尽管爸爸工作很忙,他晚上11点前都会来看我,陪我散步,和我聊天,我发现他本来就消瘦的脸苍白了许多,双眼布满血丝,下巴更尖了,两鬓又多了一些白发……我不禁热泪盈眶。

  也许是缺乏锻炼,在高考前一个月,小小的感冒咳嗽居然一直好不了,整天药不离口,高考前三天还在打吊针。高考第一天下午数学考试,正当我要离开备考室时,我突然感到浑身乏力,四肢发软,还闹肚子,上了三四趟厕所,我赶紧去找班主任李老师。李老师先是吃了一惊,摸了摸我的额头,问道:"你头脑还清醒吗?"我点了点头。老师又问:"拉的厉害吗?要不要吃药?"我想了想说:"已经拉空了,不用吃药吧。"老师拍着我的肩膀,安慰我说:"没事的,头脑清醒就行,一进考场你会有劲的,不会再拉肚子的,相信老师,没事的!"说来也怪,一拿到试卷,我顿时热血沸腾,精神高度集中,真的没上厕所了。终于考完了,我走出校门,站在人群中,我看见爸爸正在焦急地四处张望,我跑向爸爸,冲到他面前,高兴地叫道:"爸爸,我全做出来了!"爸爸的脸上立刻有了笑容,他说:"刚才看见你出来脸色苍白,我心都凉了半截,数学又是你的弱项,现在好了,平安地考完了。"说完,长吁了一口气。回到家一开门,妈妈就从里面奔了出来,她一把抱住了我,急切地问:"中午吃饭还好好的,怎么下午没劲又拉肚子呢?我一接到你爸爸的电话,心就怦怦地跳,一下午魂不守舍,不知道该做了什么!"当听到我说这次考试超常发挥,题目全写完了,她喜极而泣,连忙打电话给爷爷奶奶报喜。她心有余悸地说:"爷爷奶奶的年纪大了,我都不敢向他们说你考前状态不佳,还拉肚子……"

  这浓浓恩情,我如何报答得了呢?我衷心地感谢他们,没有他们全力支持和呵护,怎么会有我高考的佳绩,"谁言寸草心,报得三春晖",我一定会努力拼搏,用行动报答他们对我的爱!

  2. 感恩学校

  在高四,由于沉重的学业负担,再加上我急切的进取心,我忽略了和同学的关系。同学向我提问,我常常急着刷卷,没时间回答。直到有一天,我突然发现一个好友不理我了,我才意识到问题的严重性,我向父母求助,父母犹豫了一下,告诉我其实有好些同学表达了对我的不满。班主任李老师理解我,所以一直在暗中帮我解释,做这些同学的工作,她怕影响我的学习,一直没有告诉我。我深感后悔,逐个向同学道歉,大部分同学宽宏大量地原谅了我,可我的那个好友却一直不肯原谅我,我向他道歉了五次,他总是低头不语,我内心无时无刻不在受着煎熬,我害怕永远失去这个朋友!

终于等到了高考结束,我考上了北大,他考上了清华,我由衷地为他感到高兴,可我却还在担心,他会不会原谅我?在一次聚会上,我拿着杯子走到他面前,再次向他请求原谅,他笑着说,过去的事不要再去想它了,我们永远是朋友。"度尽劫波兄弟在,相逢一笑泯恩仇"用来形容此时的情形再适合不过了。尽管我曾经引起了不少同学的误解,老师的默默帮助和同学们豁达的心胸让我感动不已。感谢老师和同学们四年以来对我的关心和帮助,没有你们,就没有我的今天。

3. 感恩社会

高考前夕,为了不影响我们高考,学校周围的建筑工地提前一个星期停工;学校组织老师给我们做心理辅导;在我情绪极不稳定,焦躁不安时,北大招生组老师通过爸爸的微信,向我传达了北大林建华校长的祝福语:"说好了,我在北京大学等着你!"让我立即开心起来,对第二天的高考充满了信心!

在高考成绩出来之后,我的家乡塘南镇为今年新被录取的百名大学生召开了座谈会,还给我们颁发了奖学金、助学金。各级领导不仅给我们鼓励,还对我们提出了新的要求。我深感荣幸,同时又觉得肩上的担子重了许多。我一定要好好学习,做一个对社会、对家乡有用的人!

"雄关漫道真如铁,而今迈步从头越"令人难忘的高中生活已经过去,迎接我们的是一个全新的起点。今后历史的铁轨将要由我们来铺设,时代的接力棒将要靠我们来相传。站在新的起跑线上,我郑重承诺:不迷恋过去的辉煌,一往无前,愈挫愈奋,努力学习,奋发向上,练就过硬的本领,报效祖国,报效家乡!

只是一场梦一般的回忆

姓　　名：陈　瑾
毕业中学：福建省厦门双十中学
录取院系：政府管理学院
获奖情况："敦煌杯"首届全国青少年琵琶大赛少年B组银奖
　　　　　第22届"希望杯"全国数学邀请赛厦门市一等奖

转身之间,风景已然改变。还未学会欣赏,却想回忆从前。

作为一名学霸眼中的学渣,学渣眼中的学霸,无论如何,北大从来都不是我能想象的筑梦之地,太高太远,可望而不可即。记得有位学霸告诉我说,当时我被学校推荐为升旗手站在国旗下的时候,那些每天熬夜苦读拼死拼活立志考上北清却没考上的同学们,脸都绿了。

说来我考上北大的过程和大多数同学略有不同,忍不住想要和大家分享一下这段传奇的经历。

缘的起点

2015年元旦,那是与北大结缘的起点。当时音乐组的邱老师发给我一份北京大学艺术特长生的招生简章,粗略看了一下,得知琵琶特长生全国招收两名,也就是专业和文化成绩综合排名全国前2名才有资格获得北大降65分录取的机会。全国前2名!素来知道艺术特长生降分幅度极大,名额很少,因此我的第一反应其实是放弃的。我随手将通知转发给我爸妈,他们的反应与我如出一辙:别去浪费时间了,好好读文化课吧。

也是,我离中国最高学府的距离太远太远,这种遥不可及的感觉让我实在没有勇气触摸她有意无意伸出的橄榄枝。我当即告诉邱老师:太难了,我放弃。

一切与以往无异,每天从学校晚自习回来之后扔下书包,又开始我的新一轮晚自习,那把跟了我十多年的琵琶,孤零零地躺在角落,为了高考,它选择了退让。我想,若我能考上厦大,争取加入厦门青年民族乐团或是李昆丽教授指导的厦门大学海韵琵琶乐团,到各地参加演出,琵琶自始至终会伴随我一生的业余爱好。然而一通电话,改变了我的人生轨迹。

半夜,爸爸打电话给我,他说他把我以前各种演出的视频寄到北大去了,过了海选,那边通知我16日到北京参加候选人资格考试:"我和你妈权衡了一下,毕竟机会难得,就三天时间耽误不了太久,只是去看看你的水平到哪里,也不枉你十多年的学习,机票订好了,看你高考压力这么大,就当爸妈陪你放松几天吧。"我一下就蒙了,练琴不同于读书,往往需要日积月累的长久练习。太长时间的搁置,手指已然僵硬,短短十天时间怎么可能恢复,临时抱佛脚是最愚蠢的选择。可笑的是,我答应要去,理由竟然是:现在是1月,北京应该会下雪吧。

我把这次考试当成了一场游戏,但这个凑热闹的过程还是不能太丢人的。十天,就算是十天我也要尽力。于是,在大家埋头苦读决战高考的日子里,在从北京回来的第二天就要参加第一次市质检的日子里,我向段长班主任请了所有体育课、体锻课甚至是自习课和晚自习的假:练琴!在音校的时候,单是为了一场演出如此这般的同学随处可见,甚至有大规模的集体停课到琴房练琴,然而在双十,我的举动却吸引了不少无法理解的目光。不幸的是,我犯了一个致命的错误。两天后,因为太久没有活动手指,突然高强度练习,我的手指预料之内地拉伤了。离去北京的日子还剩八天,伤筋动骨一百天,手指的伤让我整日惶恐不安,每每到了练琴的时间,钻心的疼痛让我几乎是以泪洗面,弹一次、哭一次、再弹一次、再哭一次,练了受伤只会更严重,不练我去考什么?纠结之余,妈妈心疼得一度想让我放弃,但我觉得既然都鼓起勇气了,无论遇到什么困难,还是要去面对的。于是擦干眼泪,坚持到了那天。

就这样,经历了十天的疼痛难忍,我到了北京,不知不觉中,北大的脚步悄悄靠近了。

❀ 北京的天，晴空万里

令人失望的是，到达北京的那一天，晴空万里，大家说我运气好，难得遇上如此清朗的天气，我却在为没有见到朝思暮想的雪花暗自神伤。之前来北京比赛顺道游览过一次北大，如同刘姥姥进大观园一般，仰慕赞叹着那里的一切。这次凭着准考证大摇大摆走进来，倒是多了一份气定神闲，然而心里还是偷着乐的。

16日晚，我住的北大招待所到处可以听到此起彼伏的琴声，毕竟从小学音乐长大的，对大多数乐器的演奏水平还是能听出点大概，虽然我也参加过全国比赛，也领教过这些从全国各地区挑选出来的佼佼者的演奏水平，但我还是紧张得哭了。原因之一，是怕丢人。三年没认真练过琴，再加上手指拉伤还没好，我简直到了力不从心的地步。可来都来了，又能怎么办呢？

寒风中，爸妈带我在北京城逛了逛，欣赏着繁华大城市的夜景，心也渐渐平静了下来。我告诉自己，明天的四分钟，不是一场决定未来的战争，而是一场有趣的回忆。

候考室，十多个来自不同地区的琵琶特长生资格候选人聚在一起，甚至还有著名琵琶演奏家陈音的学生。聊了几句，才知道几乎每个人的心理状态和我别无二致，学了十几年的琴，仍不得不抱着凑热闹的心态迈进最高学府的大门，没有人虎视眈眈盯着全国前2名的宝座，只是和我一样，悄悄用眼睛瞟一眼那两个金灿灿的位置，对着天空，祈求菩萨的保佑。唯一不同的是，我带来了一双拉伤的手。

她们中大多数和我一样选了十面埋伏这首琵琶曲中的经典，它极强的爆发力更是我这只暂时不争气的手遇到的一大障碍。虽然我不曾对这场角逐有过奢望，但内心深处还是有点崩溃的。我静静坐着,听她们的琴声中夹杂着紧张不安,索性放下琴,默默等待那个时刻的降临。

走廊上的暖气供应不足,不知哪儿来的冷风吹得我心里凉飕飕的,两只手暖了又冷、冷了又暖,反反复复,如同我焦躁不安的心。我想,每一场考试、比赛或是演出都是如此,我无数次告诉自己不必在意结果,只需尽可能把它做好,甚至只需享受这个过程。然而每当临近考试,却仍旧无法避免紧张情绪的产生。或许,此时此刻,最好的办法便是转移注意力。

我开始想象高考之后的场景。诸如周游全世界,南极探险等各种不切实际的想法喷涌而来,渐渐模糊了眼前那个令人心情压抑的考场,慢慢地,也就放松了下来。

按要求,我必须悄悄走进考场,等待前一位选手完成相应曲目的同时,在后面熟悉视奏的谱子。当我拿到视奏谱的时候,忍不住笑了出来:简单!当时的心情一下就好了起来,一分钟的熟悉时间,我匆匆看了两眼,便开始左顾右盼,重点是,我感觉到我的手居然暖了起来。至于弹奏过程中的想法,我已经不太记得了。只知道我在最后时刻尽我所能用最放松的心态去弹好每一个音,用尽全力去掩盖手指的伤痛,没有超常发挥,但也算全力以赴了。

我故作淡定地走出考场,看到考场外冷风中爸爸妈妈期待已久的眼神,我背着琴冲向他们。从他们看到我的那一刻,自始至终没有过问一句"你考得怎么样",而是一个劲儿地搓着我的手问"手还疼吗?"而那时我才发现,红通通的手指已在瑟瑟发抖。

亦有所得,亦有所失

经历了一天情绪的转变,我对第二天的文化考试竟毫无压力了。

我把压力扔回了厦门,我告诉爸妈,这次我来,只为了证明我的专业水平,文化课只是顺带考考而已。他们回答:随你。然后我就傻乎乎地进了考场。

一场奇迹一般的旅行似乎已经结束了,它将成为一段记忆,一场梦。我将回到厦门重新回到曾经的状态,开始我人生中的重要旅程。厦大,仍是我未完成的梦。然而,在机场候机时,我接到通知:综合成绩全国第2名,已获得北京大学降65分录取资格。

但是,这在当时似乎不是一个很好的消息。以我当时的成绩,北大分数线再降65分我也未必够得着。眼看着上天赐予,让无数人奢望着的机会,再加上老师们得知这个消息后一下对我给予了过高的期望,亲戚们呼喊"加油啊,一定要考上北大"的声音不停回响。我的压力更大了。

更可怕的是,过大的压力就像一块巨石,沉甸甸地压迫着我的心脏,在不知不觉中让我透不过气来。从北京回来之后,手捧着那份沉重的礼物,我的成绩竟一落千丈。那段时间,我也曾半夜睡不着觉爬起来写作业,却迷迷糊糊不知道看进去了多少;我也曾在自习课上因为做不出某个题目当着一堆同学的面哭鼻子;我也曾因为一次次考试失利而回家摔枕头撕考卷;我也曾在大雨倾盆之时哭着喊着在学校的操场狂奔……

卸掉包袱,变回曾经的自己

高考倒计时就在眼前,而我的成绩就像生锈的齿轮,停滞不前。65分好似一个巨大的诱惑,诱导我进入一个循环的怪圈,迷茫而无助。或许是因为心态不好,志在必得的心理使得我在厦大的特长生考试中发挥失常,与60分的降分资格失之交臂,如此更造成了我考前的抑郁。后来,爸爸告诉我:"再不济,去台湾。本一线就能上,但是分数越高读的学校就越好。"然后他开始给我描述到台湾读书的种种好处,天花乱坠,令人向往。我也非常配合地落入爸爸无意制造的陷阱之中,一直到高考结束,我还心心念念着到台湾去读书。北大的包袱渐渐轻如鸿毛。

事实证明,这招的效果很好。我的心情平稳了下来,北大的干涉力不再那么强烈。我一心只想考出比较满意的成绩,没有了太过明确的目标,心态自然就恢复了过来,成绩也有了回升。虽然还是有不稳定的时候,但相较之前已是好转了不少。每当焦虑之时,我习惯在晚自习的课间休息到操场跑步,汗水能够冲走烦恼,我对此深信不疑。

5月,那时的我已经变回了曾近的自己,我不再有事没事找个没人的地方大哭一场,不再成天对着爸妈大吼大叫,取而代之的是,我学会利用课余时间多跟老师交流,在烦躁的时候合上书本看看雨后的天空,在紧张不安的时候心平气和地向爸妈倾诉,有时也会在房间里悄悄写下心里的故事……生活有了规律,思想得到安慰,成绩也渐渐契合了所想的目标。

6月7日,最后一搏。

不可否认的是,6日晚我的确没有睡着,但这并没有影响第二天早上的语文考试。数学自认为失利了,但因为前面经历了太多的跌宕起伏,我调整速度之快,是我从未有过的。我一如既往地在7日晚上到操场跑步,平心静气地接受我一夜的失眠。

8日下午,心中的巨石落地了。台湾会在前方等我吗?

之后的事,便与大多数人无异了。除了成绩出来后多于他们数倍的惊喜,拿到通知书后的种种,便不一一叙述。

梦的尾声

张爱玲曾说："生命是一袭华美的袍，爬满了虱子。"高考是人生中一段难忘的经历，一切失败，挫折与磨难看似是一群令人厌恶的虱子，但正是它们，成就了生命中历经岁月洗礼、时间沉淀的沧桑之美。我们会在失意中学会隐忍，会在痛苦中学会坚强，会在彷徨中辨别方向，会看着时光在指缝间流逝，然后懂得了成长。

正如我视为人生转折点的那一场特长生考试，现在想想不过是一场梦一般的回忆。与此同时，经历了这么多，我更加坚信了心态决定一切的道理。我们不需要用尽全力战胜你身边的谁，也不需要将高考视为一生中必将战胜的死敌，它不是张牙舞爪的魔鬼，会去侵占你安静生活的领地，而是一双真诚的眼眸，笑吟吟地望着你步步迈向成功之路的驻脚点。你可以相信命运，但你要把握好自己的情绪。几乎每个人在高考之前都会经历一场惊涛骇浪般的情绪波动，这并不要紧，寻找合适的方法调整自我，用最放松的姿态去迎接一场你没有放弃的考试，无论结果如何，至少不会令你失望。

对于家长而言，强压逼迫起到很好效果的案例少之又少，将目标定在伸手可得之处，孩子往往会走得更高、更远。

当你走过之后，会发现，这一切，都将变成梦一般的回忆。坚持走到最后，你就是胜利者。

半曲半直觅燕园

姓　　名：缑清睿
毕业中学：河南省新乡市第一中学
录取院系：中国语言文学系
获奖情况：冰心文学大赛金奖
　　　　　河南省优秀学生干部
　　　　　新乡市三好学生

今年的7月，我十七岁了。十七岁的夏天，平静得让人出乎意料。平静的夏日，却含着我人生中第一个重要的转折点。高考，也许已被国人形容为炼狱，也许是一场必定要奔赴的战场，然而我幸运地在这半曲半直的学习生涯中，觅得了属于我的燕园一席之地。

一见钟情灵秀园

小时候，我对于"梦想""理想"之类的概念十分模糊。当被问及将来想干什么的时候，大家总是会天真地抬起头，在一脸自豪的笑容中咧出"我长大要当科学家"之类的豪言；当被问到准备上哪个大学的时候，大家也几乎异口同声地说出"北大清华"这样的壮语。这些是梦想吗？当然，这也许是现代社会中最最淳朴的孩子们的梦想，是童年纯净世界中轻松快乐的那朵最大的"小红花"。

然而时间就像抓不住的鼬鼠，它溜走，可也并不是白白溜走。它悄无声息地带走了一些东西：慢慢地，我们都意识到当初的天真，或者说是不谙世事，进一步说就是"小时候傻，什么都不懂"，甚至很多人都已经记不起来自己说过的话，曾经也许很轻描淡写的那个只能算是愿望的"梦想"。

前一段时间在网上流传的段子这么说："小时候自己总是在想'我以后是上北大，还是上清华'，现在发现，自己真是想得太多了。"是啊，过了几年，当我们发现身边并没有那么多人去了北清，又回头看看自己幽囚于某省某市甚至某县某镇，成绩并非"鹤立鸡群"的状态时，就只能剩下自嘲了。

我也是这样，却也并不完全是这样。从幼儿园到小学，我一直是传说中的"别人家的孩子"，各方面都是"能力突出者"，成绩拔尖。在被保送到少儿班时，当时小学班主任老师对我说："这都是你努力的结果,祝贺你。希望你以后也能继续优秀下去,再来个保送大学!"我笑笑,爽快地答应了。

其实直到这时候,我都并不清楚考大学到底是怎么一回事,离我真正知道自己根本无法接触到保送生这一项都还有差不多三四年。我也并不晓得,北清到底是何方神圣去的,甚至当时作为井底之蛙的自己还信心满满,并不在意如何去拼才能"熬"过高考。淡忘了,就淡忘了。并没有被逼着参加各种奥赛班的我独自徜徉在自由的小天堂,少了些别的孩子过早感受到的升学和外界压力,我早已淡忘了梦想。

2011年,十三岁,初三。还是个瘦瘦的小姑娘的我,又度过了一年的初中学习,有过努力,有过成绩,但很平常,并不壮烈。

似乎我就是要这么顺利地走下去,然而我在那一年去了北京,见到了传说中的燕园。其实现在回忆起来那个行程,一点都不清晰。只记得,外界的嘈杂与她分属两个世界,浓密的深浅绿色增添了一些沉静的幽香。漫行中闻到空气中弥漫的泥土气息,小路旁还有着并不刻意隆起的小山丘,老树盘根错节地抓在深棕色的土地上。山、石、树,并非公园的人造景观,也并非苏州式的古典园林,只是让我突然感觉,此物此景与生俱来,毫无违和感。移步换景,视野中渐渐出现一高耸之物。"那是博雅塔!""真的?"我有些激动,于是快步上前,想要看清她的全貌。她是一座普通的塔,没有金银镶边,但古朴庄重。同样的,未名湖也是个不大的湖,然而却清秀中带着灵气,与湖边的那些柳树相映,温婉可人。还有那古风红楼,静静地矗立在校园里。我突然感觉到北大的历史文化积淀感是那么丰厚,脑中闪现出百年前,胡适、李大钊等长袍文人集此论学论证之蔚为大观。"这不就是我们中国最高等的学府吗?这不就是我心心念念追求的那种学术氛围吗?"

光线逐渐明朗,古典与现代就这样完美微缩于一座大学。现代的北大道路、教学楼、图书馆等依次出现,我此时已经不再惊讶,只有欣赏。

我并不清楚什么是一见钟情,只是觉得,见到了北大,就像见到了前世的朋友,只是她化成这么一座秀美大气的学堂。我们亲切地相视而笑,仿佛定下了一个约定。我记不清她的样子,但最熟悉的,留下来的就往往只有具象中的抽象。那种感觉,见到了燕园,其他的学校,便都成了将就。而我,不愿将就。

天真梦想遇现实

我已经记不清初中时的感受了,平凡中带着小小的努力。高中,才真正开启了迎着高考这个巨人进击的模式。

进入了那个几乎所有家长都挤着要把孩子塞进来的理科强化班,我竟一点开心不起来。开学第一天,只有四十来人的班级气氛异常压抑。下午的大课间我原本天真地认为,我们应该去吃饭然后在校园里走一走,可是刚刚进班看到的场景让我以为我已经迟到了——所有同学安安静静趴在桌子上,学习。而那个时候,离进班上课的时间其实还有很久。

我感受到前所未有的压力。高一的班主任偏偏又是一个精明干练极具上进心和责任心的老师,这注定了我要经历一个高标准、严要求的高一生活。平时懒散惯了的我,每天都要挣扎着起床,使劲地蹬着自行车,只为了在规定的比其他班级更早的到校时间之前——哪怕半分钟——赶到班里。气喘吁吁进班却看见大部分同学早已经到班开始读书,我也只能马上掏出书一股脑地开始念。

理科强化班真的是理科强化班,数理化生上课时,总会有几个同学在老师刚刚念完题目就给出了答案,而我还没开始算甚至没弄清题目;总会有几个同学在老师刚刚讲完一种方法时,立马举手示意老师自己有另一种解法,然后大踏步走上讲台展示自己过人的"智慧"。说不羡慕,当然是假的;说不难受,当然更是假的。我并不知道为什么突然是这个样子,为什么自己突然好像跟不上节奏一样,为什么自己突然走出了老师的"特别关心"一栏。

我不服。第一次月考,我考出了最烂的成绩。当时学校要组织数学物理自招培优课,规定考试年级前40名去。然而我就是擦着边被无情挡在外面的人。我并不是多想去上那个自招课,我只是看见,上课时班里很多同学都走了,而我却留了下来,这是一件多么讽刺的事情。也许是自己的成绩配不上自己的野心,我心里不服,甚至我并不认为那些考得比我好的同学就比我更优秀。尽管高一刚刚开学的日子,给了我当头一棒,但是我知道,那些所谓的大神只是比我更早学习,更早准备了而已。我不能允许自己就这么接受堕落,不能允许自己在现实面前轻视自己的能力。第一次写周记,我愤懑地写下:"一次月考算什么?要比我们比高考。我要上北大。"

期中考试是我很想很想考好的一个考试,动机非常单纯,只是证明自己。压力有时候真的会带来动力,那种不被承认的难受让我可以从差点迟到的人成为前几名到校的人,有时候班里的门还锁着,我就坐在台阶上看书。晚饭也不愿意在食堂吃了,只是拎着饼和粥就回班。没有多久,只有不到一个月,期中考试如期而至。

成绩单被老班拿到班里,几乎在场的所有同学都蜂拥上去,我却不知道为什么,瞟了一眼,然后定定地坐在座位上,接着刚才的事情做。等人散开一点,我若无其事地凑过去。第二张成绩单,我找了好久,没有看到自己的名字。只能去第一张看,从下边开始。一个一个的名字列起来,还是没有我……突然我的名字出现了!目光向左小心地移动着,看见了数字"9"。"小缑这次进步很大啊,不错,继续加油！"班主任临走时说了这么一句话。我好开心，我好平静，不过我好像又没有那么开心。

　　接下来的日子，依旧是这样的"抗争史"。以后的很多次大考，我都能在前10名，期中期末一般还能到前5名。现在想来，也挺自豪的，其实我已经取得了一个个进步，已经到达了外人所理解的"学霸"级别，而且毕竟前面都是男理科大神，而我觉得自己以前一直是个女理科学渣啊！可是我很不开心。压力和忙碌的学习掩盖了抽离思绪的空间，只留下了压抑的心情。我并不清楚为什么我还是这么抑郁。也许，我觉得，所有老师都并不认为我聪明，班主任老师从不会认为我可以考到北大清华，只是觉得我可以走一些其他985高校。我在高一收起了所有的锋芒，收起了所有的自信，隐秘在人群中间；很容易被逗笑，却很不容易快乐；甚至直到分别的那一天，班上的同学才知道我竟然唱歌也不错。

走出迷茫遇真爱

　　后来我找到了真正的原因，就在分科的那段时间。分科的消息来得很突然，一下子搅乱了生活和学习的节奏，而我的脑袋也随之进行了"整理洗牌"，我发现了压力的来源，我的学习一直是"为了他人"而不是"为了自己"。我明白了！就像泡沫剧的桥段，"我只是感动，我对你的感情可能只是出于一种照顾和责任的心理，而我从来就没有爱过你"。我学习理科从来不出自于自己的内心，只是为了证明自己，为了向别人说"我可以"，而不管头发如何肆意地掉，我也要按时去完成作业，尽力去复习一场场烧脑的考试。只为了那一个个数字，仅此而已。

　　我天生有点理想主义，就像我执意想上北大一样。我最后和我妈说："那我学文了啊。"

其实学文并不如学理保险,最起码在现在教育还没有特别发达的社会里,特别是在河南这种并不太发达的地方,可能理科的技术性学习更适应社会刚性需求,通俗一点就是好找工作,工资也高。况且我理科成绩也很好,又在一个那么优秀的理科强化班,在大众眼里我似乎一定是要学理的。但是我想,学要为自己学,学什么不就是要看自己喜欢什么吗?为什么要为了旁人的言语而委屈了自己的内心呢?所以,我知道,我就要跟随自己的内心,我要学文。

这样的氛围让我感觉很无奈也有点悲哀。有很多人,为了所谓的一点点潜意识里的优越感(其实我觉得完全不应该有),即使不喜欢理科,而且真的学不会,也还是要硬着头皮去学理科;有很多人,为了所谓的名誉、金钱和地位,放弃喜欢的数学、中文等基础学科,一头扎进金融、精算、管理行业……太多太多的孩子,没有一个他们所需要的宽容大气的环境可以允许他们各学所爱、各尽其能,不是被家长逼着考试争名次,就是顶不住社会无形的诱惑,先要赚钱升官,放弃了自己最初的心。其实,这样不仅损失了自己人生幸福感,也许还无形中让社会少了原本可能出现的某一领域的天才。

我不知道自己能不能算一个成功的例子来帮助以后的同学坚定自己:我自从选择了文科,心情变得更开朗了,也有了更知心的朋友,头发也不会因为压抑而掉那么多了;最重要的是,成绩也进步了,一直很不错。就在月考考了第1名后,新的班主任(其实是初中的语文老师)告诉我,要我冲北大。

我到这时候,心里一下子燃起了一团火。对,那个目标。也许高一我并不出众,也许曾经的梦想只能是梦想,也许曾经的老师并不看好我。但现在,是我要实现它的时候了,是我要证明自己的时候了,更重要的是,是我可以在自己所爱的天地里遨游的时候了!

平淡曲直遂心志

果然跟着自己的心是没错的,我终于有了更多的自信。在政史地中,我没有感到背诵的枯燥,没有感到学哲学的费解,没有感到写字的强度高,却能够化而为乐。

当然,高二和高三有接连不断的考试,尽管我们都叫苦不迭,但还都坚持着挨了过来。

很多人都会羡慕我成绩一直那么好,然而谁知其中的辛酸?也许在学校的排名很耀眼,可是我知道自己只是井底之蛙,要承受比别人更大的压力来与骄傲抗争,要在没有绳索的情况下自己摸索而不断向上爬。最终的战役是几十万人的头脑风暴,而我跟其他同学一样,并不知道多久才能到达彼岸,只能摸着石头过河,低头努力,偶尔抬头仰望星空。

生活是平淡的,学习和课余生活融合,刷题与考试融合,奋进与淡定融合,其实没有太大的波澜。学习是曲折的,谁都遇到过成绩波动、为生活琐事烦恼的情况;却又显得那么通顺,仿佛顺着一个自己铺就的通道,通向了各自属于的地方。

所以这两年走过了,也觉得是那么平凡,甚至自己得知成绩时有一种出乎意料的平静,即使——那就是我贴在桌子上、贴在本子上,如果有困难我也都会想着去克服而争取的目标。

可以说我是个高考胜利者,然而这并不仅仅是因为我考上了北大,更多的是因为我挡住了那些使我后退的恶魔,我的能力得以在正常范围内展现。

酸甜苦辣共分享

其实我的个人经历也许与很多北大学子有相同之处,包括对于梦想的憧憬、不甘堕落的上进等等,希望大家可以通过叙事体感受更多;不过现在再回首我的高中岁月,才可以挑挑拣拣,发现当初的自己哪一点是值得现在的自己感谢的,哪一点是现在的自己嘲笑后必须摒弃的,做出最后那个理性的"分析报告",说来也不怕大家笑,只愿与君共勉。

也许你跟我一样,经历了有愿望但是淡忘的过程,但请你一定要在重要的节点重新点燃自己。就像当初那个自己,将北大校徽一笔一笔描画并贴在桌面的课表、计划本的首页,写下激励自己的话"北大,I'm coming to you",以此将自己包围在激情燃烧的氛围中。衰莫大于心死,愁莫大于无志,缺少目标也许可以顺利地走下去,但却总是少了一些动力。志当存高远,将北大清华定为高考目标绝无门槛,只需要你的奋斗;然而北大清华也并不一定必须是你的目标,你的目标完全可以放在更宽广的天地,或许动力更足!

也许你会遇到很多磕磕绊绊,然后慢慢丧失掉自己的信心;但你其实可以把自己"固定"在上方,永远保持着胜利者的姿态。这并不是功利主义的又一种熏陶(个人很讨厌功利主义),是一种积极的心理暗示。不管别人怎么说,在自己的世界里要有自己的信念,"我可以做更好的自己""做第一等人,干第一等事,说第一等话"。我的英语成绩在高三上学期从140分跌到120分,这种大幅度的下滑很容易让人手忙脚乱不知所措,我也因此一段时间都在谷底徘徊而差点丧失信心。但是此时最重要的是保持自信,既然自己有基础、有能力,就一定可以再回来。在这样的心态基调下,我对于不理想的成绩也没有过多的焦虑了,只是多做一些弥补以求改善。其实过了半个学期左右我的成绩仍没有太明显的飞跃,但是这个时候特别重要,如果你不相信自己可以达到更高的高度而撑不下去,就有可能得不到后面的果实。知识的累积需要时间,体现在成绩上也需要时间,在高三下学期我弱科的成绩终于有了质的提升。事实上,皇天不负有心人,只要你保持足够自信,只要你相信自己是有能力改善自己的,一直努力下去,一定能看到曙光。

也许你会羡慕那些从来不刻苦却轻松得高分的人和敬佩不管怎样一天到晚都抱着书本题库的人,但你可以取两者之中,做一个带着脑子学习的"书呆子"。刻苦是通向成功的必经之路,天下真的没有白吃的午餐,虽然你似乎看见有天赋与智商的区别,但实际上在学习面前智商的权重甚至不如情商,没有一所好大学是你不需要好好学习就可以拿到通知书的;然而刻苦并不意味着单纯地消耗时间,而更多是要认真、用心,把学习的密度提高,在时针指向上课时间时用心领会知识,在光线趋于黑暗时用心感悟知识、巩固知识,然后睡一个也许带着焦虑紧张但能保证身体健康的觉。你可以看一些拓展学习的杂志,当作课本与试卷外的福利加餐;你也可以打开电视看个节目,不管是听新闻还是看社评,甚至就当作娱乐一下;你也完全可以不必放弃自己的兴趣爱好,因为那是维持你快乐生活的润滑剂。比如我的同学有的坚持跑步,有的跳舞,有的练习乐器绘画等等,这些与文化课并不是同类项,而是鱼与熊掌不可兼得,但如果搭配得当却反而与学习相得益彰。但是娱乐,必须以个人的情况理性地进行,就是要保证你的重心在学习,在不断巩固内核的基础上扩大外围。

踩着时空的节点,曲曲折折,我觅得了通向夏日灿阳下未名湖的小径。走这条路,需要你想、你敢,需要你探索捷径,更需要你坚持。愿你无论脚下路途曲折坎坷与否,都能够冲破无形桎梏内心的罗网,昂首阔步,走向你的梦想殿堂,为她献上你的怒放!

感谢当初的自己

姓　　名：陈梦珂
毕业中学：河南省郸城县第一高级中学
录取院系：信息管理系
获奖情况：中国化学奥林匹克初赛一等奖
　　　　　全国高中数学联合竞赛省级一等奖

尽吾志也而不能至者，可以无悔矣

先知先觉者,择其精华而啖之。我始终相信,一个看得清现在和看得见未来的人才有资格去谈论明天。中考时,我以远高于重点高中录取分数线的分数进入县城里唯一一所重点高中的尖子生班。还未感受中考成功的喜悦,几天后就匆匆赶到学校参加暑假集训。那个夏天除了天气酷热,并未感到太多压力和紧张的气氛,每天跟着新老师预习功课,和新同学聊聊天,看一些课外书,时间就这么顺理成章地过去了。一直到高一开学后的第一次月考,全校30名开外的成绩让我无法接受。当时我认真总结了考试失败的原因,就是那段时间精神涣散,缺乏学习动力和学习压力,加上英语基础薄弱导致严重拉分。从那以后我开始制订详细的学习计划,每一科都有相应的学习方案,就这样默默地努力着,等待着下一场考试,同时也是学校非常重视的多校联考期中考。

期中考试出成绩那天班主任亲自拿着成绩单在班内读每个学生的总分和排名,而我在听到前面很多人名字却依旧听不到自己名字后,头越来越低,拿着笔的手越来越颤抖。最后我终于听到我的名字了,还是和上次几乎相同的名次。我骨子里是个相当傲气的人,我不相信我努力起来会比不上任何人。但这一回,我第一次有了自我怀疑的感觉,难道这就是我努力了一个月的结果？难道这就是我全部的能力？原地不动,丝毫不进。再试一下吧,再努力一点,看看到底是什么结果,我当时对自己是这样说的。

尽管我无法对自己做任何承诺,也无法断定我能不能达到或者达到一个怎样的高度。努力了不一定会得到想要的结果,但是放弃努力,你就放弃了所有可能的成功。那一次,我真的成了全班最努力的那个人了,每天早上用五分钟洗漱完毕,就跑到教室背书,中午用十五分钟的时间吃饭,然后一个午休全部拿来做数学题,整个晚自习四五个小时坐在那里一动不动,熄灯后才离开教室……我无法用语言来形容那一段日子,寒冬里迎着凛冽的风去教室的路上,踏着结冰的坚硬的石板,我需要不断地自我激励来抑制一触即发的痛楚。光秃秃的树干眯着狡黠的眼睛,透着胧月的凄寒。我的双眼极其疲惫却仍要保持精神,干枯的手指一遍遍翻动书页,那时的我甚至不敢照镜子,害怕看见自己憔悴如怪兽的脸庞。天哪,我差点忘记自己还是个女孩子啊。

就这样过了两个月,我迎来了高中最重要的一场考试,春节放假前的期末考试,一次让我认清我能力的转折点。四天九门考试,我并没有像其他同学一样急着回家过年就草草了事,而是认真答完所有科目,最后平静地交上答题卡。考完放假,我并不是着急知道结果,"谋事在人,成事在天",正所谓"尽人事,听天命",就像已经付诸所有努力,无论结果怎样我于心无愧。后来我才明白,当一个人付出他所能有的全部时,那个结果真的已经不再重要。尽吾志也而不能至者,可以无悔矣。那个寒假是我整个高中学习中最长的一个假期,是因为文理尚未分科,无法进行培训。正是利用那个假期,我恶补了英语,看完了《红与黑》。直到开学的那个晚自习,我知道了结果,全校第2名,全班第1名。你可能无法理解我当时激动的心情,但的确是那一刻我真切地明白,付出终有回报,我也能行。

心如止水,波澜不惊

以后一直到高二结束的学习,我基本上都是在一周小结,一月大结,逢考必结,这样的不断总结中度过的。预习、听课、练习、总结,这样一步步有计划有步骤地完成每一学科每一章节的学习。世上无难事,只怕有心人。你也许并不相信这句中华古训,但它的确是我一点一点努力过程中的感受。没有不可能,一切的成功都是要以苦痛和泪水为代价的。学习的过程是一个春暖花开的过程,没有刀光剑影和硝烟弥漫,饱含独特的魅力,享受思维与思维的激烈碰撞。通过不断地总结、整合、提升,最终会达到一个由量变到质变的阶段。我无法计数高中时克服了多少学习上的困难,但是我知道那些靠的是努力和勤奋,而不是旁人所谓的天赋异禀。努力和勤奋到一定程度便会成为一个人的能力。高一结束开始练习高三检测卷,数学只能考110分左右,就一口气做完了当年高考各省市所有的数学题;物理抽象思维、建构模型的能力差,就课余做了大量物理资料,花费近一半的学习时间来训练物理,强迫自己去思考生活中譬如自行车是怎样前进的物理现象……

这种日子虽然辛苦倒也平静,大考时稳定的成绩让我不是很在乎每次的结果,考试结束我并不急于对答案,而是静下心想想考试中遇到的问题,下一阶段应该应该怎样去做。考试名次是第1名还是第8名对我也根本造成不了什么影响,偶尔一两次周练时的失利更是无关紧要。

偏离航线于暗流汹涌的汪洋之中

然而到了高三,我这条原本在汪洋大海中安安静静行驶的小船却由于重心不稳,东倒西歪,碰上峡谷,遭遇暴雨,脱离航向,以至最终停泊。谈到高三,一个不可避免的问题就是自主招生,自主招生是最后一次高考加分的机会,也是一部分学子用来规避高考中可能遇到风险的选择。按照我当时的想法,我不但不会放弃自招,还希望能将高考和自招有机结合,相互补充,自招训练同时也是针对高考中难题、压轴题的训练。但是自招内容高于高考,其涵盖的知识点也远多于高考要求,要准备必然占用大量的正常高考复习时间。加上我所在的高中只是一所普普通通的县级高中,没有相应的老师和学习资源,所以只得我一个人慢慢摸索前进。

纵然如此,我还是没有放弃这次高考加分的机会。利用高三原本稀少的假期参加各种自招培训,但导致身心得不到及时休息,经常生病、精神不佳;占用大量晚自习和睡眠时间做大量自招试题,以致高中基础知识未得到及时巩固。那时候的道路已经走偏,却始终缺少一个能拍拍我的背,把我引回正路的人。由于复读生的加入,加上我忽视课本的备考状态,导致联考成绩忽上忽下,成绩曲线简直就是人脑电波图的走向。然而当时我还沉浸在只要自招能加分,基础知识可以过后再补,但这一次,我彻彻底底的错了。

为山九仞,功亏一篑

2014年3月1日,我踌躇满志去郑州参加北大自招,算得上正常发挥,考完没什么遗憾,整体感觉还不错。接下来回到学校满怀欣喜地等了三个星期。

3月25日自招成绩全线出炉。当天晚上数学老师找我谈话,说我的笔试没有通过,后来了解到是差了8.5分。那一刻我真的可以用五雷轰顶来形容了,我不知道我是怎样度过那个晚自习的,不停地在桌子下面用手机查询,一遍又一遍,没有结果。我的心越来越焦急,以至到最后凉透了。在此之前不管怎样,我不会轻易落泪,成绩不好我可以难过,但更多的是想去怎样补救。但是那一夜,我彻彻底底地崩溃了。爸爸打电话来问,我在黑暗中大哭,更多的是一种惊恐和绝望。我实在忘了那天是怎样入睡的,但是我知道第二天又要进行一次大考。我更加不知道我是怎样在满脑子都是自招失败这件事的情况下完成那次考试的。那次联考所幸在心里不能平静,胡乱答题的情况下结果依然不是很糟糕。但是此后的一段时间,我每天早上一起来,脑子里不自觉地想的全是自招失败这件事,从洗脸刷牙一直到走进教室。我可以强迫自己不要再去想,但是潜意识里直到最后高考也没能忘记。我不知道你能不能体会那种坐在教室里,却完全听不见老师在讲什么的感受;能不能明白那种在考试中越来越紧张,甚至严重怀疑自己能力,不管怎么样都发挥不出自己最佳水平的无奈。我一直持续着这样的状态。

我后来总结了为什么自招连笔试都没过这件事,对我的影响会这么大。第一,我从高一开始接触到自招,到高三上学期的冲刺复习,前后花费将近两年的时间。虽然一直是孤军奋战,但总归花费了大量的时间和精力。从另一个角度讲,我在众目睽睽之下离开高考常规复习,又在众目睽睽之下重重跌落。别人也许是同情,而我更多的是那种付出那么多却没有得到它应有回报的绝望,一种所有辛苦和汗水付诸东流的感觉。第二,高考逐渐逼近的惶恐情绪。我清楚地记得,当初因为去外地参加自招培训,我错过了学校的百日誓师大会。自招笔试的当天距离高考九十天,自招出成绩的那天距离高考七十天,而当我终于可以不再每天想这件事情的时候距离高考只有不到一个月了。

插一点关于自主招生的建议

关于自主招生以及现在各大高校的考后计划,在这里希望能给出我的一些个人建议。

首先,自招考试自举行以来的宗旨就是对具有学科特长、创新潜质的人才进行选拔。简言之,它作为高考制度的补充,针对的是普通高考所不能选拔出来的一些偏才。这些人能通过自招走向理想大学自然是皆大欢喜,但是不能走自招这条路不代表你不优秀,而是你个人的综合实力更突出。所以,选择自招就必须先给自己一个准确定位,你到底适不适合这种考试。

其次,关于自招与高考的融合问题。这听起来是个十分美好的想法,可那并不是一般人能够做到的。自招实际上是在回避高考主干知识,偏重和大学接轨的高中边缘知识。拿以往三大联盟的物理试题来讲,并不注重高考中电学、力学、磁场学的考察,即使有也要用到像力矩、基尔霍夫定律这样的高考盲点。相反,自招物理更多的是针对高中选修部分的考察,诸如热力学、原子物理、光学等,其深度也往往较深,而这些部分在高考中以选修题的形式出现,难度极低。如此,要系统地准备自招,必然要花费大量时间在高考中几乎不考察的地方。有些时候,敢于放弃,既是一种勇气,更是一种智慧;有些时候,有舍才有得。

再次,不要忽视自招考场上的竞争压力,同学可能觉得害怕高考失利想用自招为高考上个保险,但是你必须明白自招的竞争压力绝对不亚于高考,因为自招考场上会有一批经历过正规训练参加过竞赛甚至得过奖的同学,小县城的资源往往和大城市的是不能相比的。

最后,不论是否选择自招,一定要增强在高考复习过程中的抗压能力。我身边就有当年果断放弃自招,最后在高考中一举夺魁的例子。高考是一场综合实力的比拼,既是知识的较量,也是心态的角逐。在整个高三复习阶段一定要始终保持平静乐观的心情,始终坚信高考三轮复习的最后效果,明白高考才是王道。当然现在自招改革,所有的笔试面试都在高考后进行,大大减少了自招对正常高考复习的影响。所以同学们需要了解各高校计划的招生简章,以选择适合自己的项目去参加。

❀ 第一次高考失败的惨痛回忆

2014年高考,伴随着内心非北大清华不上的誓言,我第一次踏入高考考场。我告诉自己,不管内心如何纠结,哪怕再痛也要完成这次高考。第一场语文还算顺利,到数学就出现问题了。数学很简单,尤其是选择填空,但是最后的导数题和选修题却出现了问题,这也是我由于自招没有很好完成一轮复习的结果。考场上的最后三十分钟,我看着最后的导数题和三道选修题,一个也想不出来。肚子又忽然阵痛,额头上冒出虚汗,我感到自己几近昏厥,不停地用湿纸巾擦拭额头。导数题没做出来,选修只做了一问。勉强交卷后,我不知道那天是怎么走出考场的,数学本来是强项的我,清清楚楚地明白这次数学无论怎样都考不了140分了。7日的那天晚上,我躺在床上,就在想要不要再复读一年,就那样想着想着睡着了。也就是这种考完数学就感觉自己已经没希望了的状态,让我第二天的理综严重发挥失常。那年高考纵然数学132分不尽如人意,可是语文133分完全可以取长补短,但是由于理综严重失误,那一年,我无缘北大。

在这里,我想对你们说,永远不要让上一场考试发挥的好坏影响你下一场考试的心情。哪怕上一场你直接有一道题忘涂了,也要坚强地去完成下一场的考试。我身边就有一位数学选修忘涂的清华学长。当然了,也不要因为上一场发挥得好就沾沾自喜,以至下一场不以为意。不管是高考还是以后的考研,都要注意考试过程中心态的调整,上一场无论怎样都已经无关紧要,也无法再做任何改变,需要的就是,只看下一场的冷静和睿智。

一切都是最好的安排

三年勤奋刻苦,却无法踏入燕园,无法漫步未名湖畔,无法瞻仰博雅塔的巍峨,无法聆听大师的教诲,无法与一群最优秀的学生为邻。太多的不甘心,太多的心痛,太多的无奈,就像王菲在《红豆》中

唱的那样：可是我，宁愿选择留恋不放手。三年奋斗，我岂能愿意与梦想失之交臂；三年付出，又岂怕再来一年。那年夏天，我重拾课本，走进复读班。高四无数漫长的夜里，不论你是否相信，哪怕遇到再大的心理障碍，我从来没有哪怕一分钟后悔过当初的决定。

心情渐好，不一定来源于一帆风顺，而是滥觞于一种从容与淡定的勇气中。我认为复读这一年我最大的改变在于学会了如何面对得失。比如我从来不会像以前一样，在考试前要求自己某一门考试一定要考多少分，这次一定要考多少名。我只是想，只要尽力把眼前这张卷子答完再涂到卡上就够了。但恰恰是这种不苛求、不强责的心态，让我的联考成绩一次比一次稳定，最终顺利拿到"博雅计划"的名额。

高三那年，狂风暴雨，比《雷雨》还刺激；高四这年，平平淡淡，一切似乎都水到渠成。就像我第一年没参加高考前百日誓师，却在第二年弥补了这一遗憾。一切，都似乎有它原本的安排；一切，都是最好的安排。我始终相信，这些冥冥之中的注定，会给我以后道路上更多温暖的怀念。谢谢这一年相遇相伴的所有人，因为你们，不曾孤单。

我永远记得贺舒婷学姐在《你凭什么上北大》结尾写的那段话："当你在若干年后某个悠闲的下午，回想起自己曾经的努力和放弃，曾经的坚忍和耐力，曾经的执著和付出，曾经的汗水和泪水，那会是怎样一种感动和庆幸，怎样一种欣慰和尊敬——尊敬你自己。是的，在这个过程中，请允许我重复一遍，最重要的，是你自己。我感谢父母，感谢老师，感谢朋友，感谢所有关心我帮助我的人，但我最感谢的，是我自己。"

一路向北，
寻一份温暖如春

姓　　名：樊浩雪
毕业中学：复旦大学附属中学
录取院系：心理与认知科学学院

岁月如梭，不知不觉间樱桃红了又红，曾经遥遥无期的"寒窗苦读十载"在这个蝉鸣不歇的暑假终究徐徐落下帷幕。在这"辞旧迎新"之时，我也终于能安静落座，呷一口茶，来沉淀一路上的心情。

梦的生根发芽

简单介绍自己：生于安徽，小学三年级随父母来到上海，从此在这南方的申城慢慢成长。或许是因为家里人的北方口音，或许是自己生性愚笨学不会上海话的缘故，"上海"对我来说——至少在那么五六年间——只是一个居住地而已。由此无比渴望去北方，去一个冬日屋外白雪皑皑、屋内笑语盈盈之地，讨一份归属感。又因不知为何从小就对教师这一职业充满崇拜与爱，自然而然地在每次被问到梦想时，幼稚地捏紧小拳头说：我要去北京师范大学，做最好的老师。

说者无意，听者有心，总是被亲戚打趣：这么想去北京？那就把"师范"去掉，以后去北大好了，也让你爸爸妈妈开心。虽彼时自己坚定摇头，但或许就是那时，一个名为北大的梦开始生根发芽。

小学，初中，高中。看到的世界逐渐变大，在申城浸润许久，也爱上吴侬软语、爱上南翔小笼、爱上平均海拔4米的一方天地。反倒是对于北方，对于北京的概念开始模糊不清起来，心中曾经的执着也逐渐不再如磐石般坚固——谁道是"游人只合江南老"。

因为高中选修课的缘故，读了傅斯年的相关资料，由衷敬佩他的担当、博学，把人生过得淋漓尽致的张扬，也由此生发开来，去了解胡适、蒋梦麟、鲁迅等等。逐渐了解到那个时代的风云人物，在一所叫作北京大学的学校中嬉笑怒骂、锋芒毕露。"救国不忘读书，读书不忘救国"，蔡元培先生铿锵有力的话语好似一块千斤重石落入心海，激起千层浪——没错，这"思想自由，兼容并包"的学风正是我憧憬的；没错，这充满生命力的土地正是我向往的；没错，这温暖的气息正是我长久以来寻觅的！

还好我没有放弃

当我重新拾回这份心情时，高二下学期已经近在眼前了。

课题研究、学生会、会考……事情一件一件接踵而来，虽不算过于匆忙，但大部分的精力还是被成功占据。没想到刚要为以后奋发努力时，好似每天都忙于琐事，在夜晚临睡前总是惶恐和惴惴不安，回想自己没有为一个名为北大的梦想而发奋努力的一天，觉得空虚缺乏意义，对不起自己。但还是日复一日就这么过去了，心里开始疲乏、开始想要放弃。

遇到比自己厉害的人时，会想要放弃；遇到曾经相约在未名湖却投奔其他学校怀抱的好友时，会想要放弃；到了后来，已经脆弱到遇到一道做不出来的数学题，都会让自己想要放弃。在高二暑假，在与世隔绝的教学楼里，被各种席卷而来的事情打击之时，总会有放弃的念头悄无声息地萦绕在心头，寻求一个意志薄弱之时给我"会心一击"。自己苦苦坚持着，面对屡战屡败的化学，面对永远不能和出题者心领神会的语文，面对总是缺少严谨思维的数学，面对匮乏语感的英语，面对绕来绕去的政治，而内心终究是脆弱的。

可还好，我没有放弃。

每周五下午的班会课，班主任总会请来以前的学生做经验介绍。看见他们一个个站在台上侃侃而谈，说起自己的高三，我总是有那么片刻的恍惚，不知道在来年此时的我身处何方、心情怎样，不知道自己这一年能不能坚持下去、能不能迎来最后的曙光。坦言，我对学习经验的介绍总有或多或少不屑一顾的态度，因为觉得这是太个人化的体验,拿出来与他人分享并没有太大的用处,他们也只是贵在坚持。于是班会课的经验分享,听讲的听讲、鼓掌的鼓掌、赞叹的赞叹,而我只顾自己埋头读永远也读不完的小说——不想写作业的空闲时间,总要做些让自己开心的事情。但现在回想起来,那些为了寻开心而看的小说,却对自己弥足珍贵。

在那午后两三点钟和煦的阳光下,我慢慢翻完了《钢铁是怎样炼成的》《约翰·克利斯朵夫》《飘》,或许都能被称得上经典。每一本书刚开始读总是觉得缺了点趣味,但越读兴味越浓,越让人移不开眼,于是不知不觉和主人公一起去冒险,去感受他们的感受、去产生共鸣。《钢铁是怎样炼成的》中对主义的忠诚,《约翰·克利斯朵夫》中深切入微大段大段的内心独白,《飘》中斯嘉丽对生活的忠诚与热爱,都可以作为素材,作为积累。但内心深处知道这些书的意义远不止在素材,而是增添人生中的一抹抹亮色,教会我如何走得更好。记得特别清楚的是在一个12月的夜晚,家里人都已经进入梦乡,我翻来覆去睡不着,坐在书桌前重温《飘》。"只有土地才是天长地久的",读到这句话时,耳机里正好在播《南山南》——"你在南方的艳阳里大雪纷飞,我在北方的寒夜里四季如春",那么一刹那间眼泪就要落下来——是啊,那温暖如春的北方,我真想用尽一切气力去寻你。

大起大落的成绩,因为报考专业和家里吵翻。在化学怎么学都学不好,实验题怎么做都抓不到重点的11月,在作文每次写完自己都不愿意再看的3月,在为想不通一个证明方法而差点在课堂上哭出来的4月,在放假回家自己做模拟卷一次又一次总是失误着急得要跺脚的5月,在考完语文心灰意冷想要放弃的6月……在一切都反复无常,不得不告诉自己,请无论如何也一定要坚持下去。我想起他们,想起那些过去的人们,那些书中的人们,是如何一次次度过磨难的。然后突然明白,读书真的能够让人学会如何生活。

寻一份温暖如春

其实到了最后,心中北大的影子已经模糊,只知道让自己千万别辜负了自己的心,只知道自己一定要坚持到最后一刻,无论会在什么城市的什么角落地老天荒。我是幸运的,能经过许多事情还没有放弃,来到未名湖畔实现初心;我身边的人也是幸运的,只要不后悔自己做出的决定,坚守自己亲手将自己推上的那一条路。

行笔至此,感到惭愧,真的没能把什么独到的秘方"传授"给大家,只想最后和大家分享一个我可能会记得一辈子的场景:在心里最崩溃的1月,每天早上上学时都路过一段朝东的路,楼房都不高,正好能看到朝阳。那个时候自己总是会紧一紧脖子上的围巾然后告诉自己,太阳照常升起,你也要照常努力地生活下去。

没错,我们都要努力地生活下去,然后去东南西北,寻那期待已久的温暖如春。

2003—2015

姓　　名：郝德娜
毕业中学：山东省沂水县第一中学
录取院系：中国语言文学系
获奖情况：临沂市优秀学生干部

2003年,我妈把赖在她怀里不肯下来的我愣塞进了小学,就这样无情地开启了我十几年如一日的学习生涯。

2003—2009

我是在镇上的小学里度过前五年的,六年级的时候因为父母工作的缘故才转了学。因为在镇上的小学时,我在班里的年龄小、个子又矮,所以妈妈每天送我上学时都会万般叮嘱"要听话,不要和同学打架",小小的我自然谨遵母命,认认真真地做乖孩子了。那时的我还算悟性好,成绩不错,又是"遵纪守法,安分守己"的好孩子,老师们就都很喜欢我了。但是这就会形成一种良性,又或者说是恶性的循环了:小孩子嘛,都好面子,希望老师多关注自己,如果老师对自己期望很高的话,自己当然就会尽力达到老师的期望值,而老师的期望值呢,又会相应地升高,那自己就要做到更好了。我上小学时就陷入这种循环之中去了,比如我嗓门大,语文又学得好,所以老师经常让我来领读生字。那我当然不能辜负老师的期望了,所以我就比其他同学多一点作业了:回到家里先把作业做完,然后就拿出生字表来,在每个生字后面用铅笔歪歪扭扭地写上几个词语(因为那时小学记生字都是读一遍字,再组几个词语的),之后就拿着课本像模像样地在家里"领读"生字了。这样子我领读起来就渐渐有模有样了,当然老师的要求就会更高了,我也就需要更卖力地学语文了。再比如小学时我们的期末考试有时要考思品和科学的,考试的形式就是填空,那么想做对当然要背了,但平时学习的时候老师没有要求背过,而因为自己平时成绩好,就算老师不要求,考砸了不批评,考不好还是感觉很没脸的嘛。所以如果期末考试不幸要考思品和科学了,那么考前一天就成了我的突击时间——经常八九点了,爸妈都睡了,我再把他们摇醒,让他们检查我背诵。因此那时候追求优秀就已经成为一种习惯了,这样才能为以后的优秀打下基础。

现在想想,小学时的数学啊、英语啊什么的,上了初中以后谁不会啊,那些乘法、除法、单词、语法当时看着很难,但到了初中后就成了些最基本、最简单的东西了。所以我认为,这小学的内容,只要肯学习的孩子都能学会,但小学六年教育的目的不应当只是教会孩子基础知识,更重要的是培养孩子追求优秀的习惯。小学时代的我们,都是懵懂而不自知的,这时候家长和老师应该起到一个积极引导的作用,这个引导的方法,就是鼓励和期望吧。这方面我的小学语文老师就做得很好。举个我同学的例子吧,有一次我们要举行全校的演讲比赛,有几个五六年级的同学报了名,那时候我们才上四年级,都不敢报名。语文老师就让几个平时朗读很好的同学上讲台来演讲,又让同学们举手投票谁讲得最好,选出来的那个同学还是很害怕比不过高年级的同学,老师就说,我看那些高年级的学生还没你讲得好呢,你看同学们都认可你,你可一定得替咱班争光啊。不用说,那个同学自然是倍感压力,也倍加努力了,一有时间就拿出稿子来读,特别认真。那场比赛我们全校都去看了,开始前,老师发现那个要比赛的同学穿的衣服有些脏了,小孩子嘛,不太讲卫生,可这影响美观呀。老师就问我们,×××这衣服脏了,影响比赛,你们谁愿意先和他换一换呀?当时有一个小同学自告奋勇地和他换了衣服,老师就对那个要比赛的同学说,×××,老师和同学们都支持你,加油!小孩子嘛,一听老师这么说了,自然是认真干了,我的这个同学在这次比赛中不负众望,得了一等奖(有四个一等奖,另外三个得奖的都是六年级的),为我们班级争得了荣誉,而且不只这场比赛,听说他在以后初中高中的演讲比赛中也都有很好的成绩。我想,这与当年我们语文老师对他的鼓励和期望是分不开的吧。

2009—2012

我的初中三年是在县里的实验中学度过的,那时候就开始住校了。刚上初一的时候,我的舍友经常因为思念父母而哭得稀里哗啦的,而我就很少出现这种情况了。在这里就要说一下我爸我妈了,我爸我妈其实就算半个虎妈狼爸了(当然不是控诉他们虐待我什么的),这可能也是和我的家庭状况有关吧,我弟弟比我小七岁,这就表示我弟弟出生那年我刚刚上一年级,我爸需要在外面挣钱养家,而我妈就更没时间管我了,所以那时候我就开始一个人回家了,是一个人哦。幸亏那时候不用过太多马路,社会风气也没那么复杂,否则你们可能就见不到现在的我了。当然,这是些闲话,但我想说的是,这一走就是五年,直到六年级转学后才开始坐公共汽车。而回家后呢,我就得自觉自愿地先把作业写完,因为一会我妈在做饭的时候需要我做她的小跟班儿,一会儿拿盘子,一会儿又要摆桌子,自然没时间做作业了。所以不管我乐意不乐意,我爸我妈有意无意地使我形成了不依赖他们,自己照顾好自己,自己管理好自己的习惯。其实现在想想真挺佩服他们的:这么小的孩子就敢让她自己管自己了?!我应该是"记恨"你们还是感谢你们呢?当然这是玩笑,他们这种放手不管的教育方法其实挺有效果的,逼着我锻炼了自己的能力,对我的成长有很大好处:你看,这小升初我不就过渡得挺好的嘛。

我上初中的时候,条件简陋啊,教室里没空调、没投影仪、没电脑,但学校里就是管得严啊,没办法。面对我们这群刚刚步入青春期、叛逆嚣张、"蠢蠢欲动"的熊孩子,校方只能用严格的校规校纪来约束我们了,正所谓不以规矩,不成方圆嘛。我印象比较深的是每班都有自己的卫生区,每天早上班主任都要监督我们打扫好卫生,一会儿卫生检查小组就要上来检查,发现一张废纸班级量化分两分就没了,那样我们全班就要承受班主任的"雷霆之怒"了;再有就是宿舍管理了,每天早上起床后都要抓紧整理好床上床下,等我们都走了以后就会有政教处的老师来抽查,万一哪个宿舍里哪名同学不小心因为自己的床铺给班里扣了分,那可真是得吃不了兜着走了。当然其实也没你们想的那么恐怖,无非是打扫几天卫生什么的,但在当时的我们看来,被老师罚是件极不好的事,是坏同学才会遭遇的事,当然谁也不愿意当坏学生啦!所以当时的我们真的是"战战兢兢,如临深渊,如履薄冰"了。伴随着校规校纪的是学校安排的各种集体活动,目的在于增强同学们的集体责任感和荣誉感。比如什么歌咏比赛啦、拔河比赛啦、广播体操比赛啦,当时感觉挺疲于奔命的,但因为是学校统一安排的,大家也都规规矩矩的了,现在想想,当时大家一起努力、一起奋斗的场面确实挺感人的。因此我一度认为,这初中三年其实更多的是用来教育我们守规矩的,让我们尽快从小学时无组织、无纪律的孩子,变成一名遵规守纪的中学生,初中时严格的校规校纪、严厉的处分方法也是对我们成长的一种磨炼吧。

2012—2015

上了高中以后,就离家更远了,回家的次数也更少了。而这时,刚刚过了中考一关的同学们也意识到了摆在我们面前的巨大挑战——高考。好像身边的所有人都郑重起来,当然我也不例外。高一在平平淡淡的学习生活中波澜不惊地度过了,但明显感觉出理科的学习比文科更吃力,这确实一度令初中时各科面面俱到的我感到很震惊,但后来慢慢地也接受了(看来时间真的是最好的良药啊)。

到高二分科的时候，本来选文是顺水推舟的事，可不幸的是，向来物理不好的我在高一期末考试考得特别好，居然考了满分，加上平时化学生物也不算差，顿时我就想气势汹汹地杀入理科生的阵营中。这时，我的高一班主任、初中班主任和我妈出现了，他们称综合分析我初高中的成绩，一致认为我选择理科是极不明智的。就这样，我与理科擦肩而过。

当然事实证明他们是正确的，因为直到现在，我看到物理上的滑轮、小木块还是会头大。然后又是分班，当时我们学校是有实验班的。那时候的我是很纠结要不要进这种班的，主要原因是我认为这样的班优生太多、竞争太激烈，进去后不就默默无闻了吗？确实很虚荣对不对，没办法，当时年少啊。还有一个原因就更荒谬可笑了，当时《甄嬛传》在各大卫视热播，各种女人间的各种钩心斗角啊，我也深受其"害"。文科男生本来就少，成绩好的文科男生就更少了，所以当时的我一想文科实验班的男女比例，再一想电视剧里的各种钩心斗角，顿时有种一入"宫门"深似海的不祥之感（当然这是我多虑了）。因此当时我一直处于纠结和犹豫的尴尬局面中，这时我高一的政治老师出现了，对我说了一番醍醐灌顶的话，大体意思就是说要把眼光放高远，人只有到一个更好的环境中才能得到更好的提升，一个人不应该老是想着怎样去战胜别人来成就自己的名声，而是应该想着怎样去提升自己、完善自己。她说的真挚在理，加上我又是一立场不坚定之人，所以最终是妥协了，也多亏了这次妥协，让我能有惊无险地拐过了学业过程中一个惊险的转折点。所以我说这么多的目的就是要告诉同学们，一定要尊重自己的老师，善于倾听老师的意见，一个明智的老师往往可以帮你做出一个明智的决定。

分班后我就遇见了我的一群"千奇百怪"的老师和同学们。不得不说，老师们都很有自己的特色。就拿我们语文老师来说吧，他的上课风格是很自由、很风趣的，在他讲的过程之中，如果同学们发现他这个地方讲得不太对，或者是有自己独立的见解，就可以直接站起来说，有时候可能还会和这位同学来一场辩论呢，所以同学们都很愿意上他的课，平等嘛。语文老师经常在课上讲着一个知识点，就突然扯到另外一个看似什么关系都没有的地方上去了（这个地方大多是"人生一世，草木一秋"之类的人生感叹），但神奇之处在于，无论再怎么扯，再怎么感叹，最后他都能精确地抓住一个小细节回到我们要讲的内容上来，这就很让我们崇拜了。而且他扯的这个过程语言风趣，内容丰富，同学们都听得很认真，生怕错过一点有趣的地方，说实话，谁不盼着枯燥的课堂学习中有点乐子呢。这样语文老师就达到他的目的了：既讲完了课，又让同学们认真听，又让同学们印象深刻，还能让同学们都喜欢上他的课。真是一举四得啊！语文老师还有挺好的一点是他能担负起一部分班主任的责任，怎么说呢，虽然语文老师不是班主任，但却很喜欢利用一点语文课的时间给我们开点儿小班会（不否认这里面存在"篡权"的可能性），提醒我们平时学习、考试甚至是高考时的注意事项。这就让我们对他顿感亲切和信任了，因为我们能感受到他对我们这个班的热情和责任感，而不是单纯想把自己这门课教好，因此语文老师也是我们奔赴高考途中的一个有力支持吧。

而说起我的班主任呢，也是个很有特色的人了，首先值得称道的是他不偏心，正如他说，我们是一个集体，你们都是我的孩子，你们每一个人都很重要。因此他管理我们这个班还是很民主、很宽松的。老师是自由主义者，他经常说的就是，师傅领进门，修行在个人。因此他更多的是要求我们自主学习，这很好，提高了我们的自觉性和学习能力。

进入高三以后,一切都紧张起来了,大多数时间我们都埋在深深的题海和学案里。题做多了、看多了,每个人都处于混混沌沌的状态中。有一段时间,我也是整日云里雾里的:每节课都看错题、看学案,可一到下课了,还是感觉茫然而无所知,仿佛一节课都在虚度一般。我决心要摆脱这种状态。后来我就想了个办法,买来几个本子,每节课看完一部分错题或是一份学案就列一个纲,然后把自己感觉掌握不好的地方用铅笔圈出来(这个方法也是学习身边同学的),到早自习的时候就把纲拿出来,看着纲在脑海里回忆一下。如果以前用铅笔标记出来的地方已经会了,就用橡皮把标记擦去;如果遇到自己回忆不起来的地方,就抓紧时间翻翻学案,然后用铅笔打个记号。等到再一次复习的时候,就只看一下那些用铅笔标记的地方就好了。这样既有条理性,让人印象深刻,同时又能减轻复习压力,真的是挺不错的。后来这个小本子上的纲目就不只局限于错题和学案了,我开始试着顺着课本上的目录把知识点捋一遍,列个纲,不会的标记出来,这样就能裨补阙漏了。列纲的方法在我高三时帮了我不少忙,学弟学妹们也可以试一下。

高三时的压力自然是不用说的,所以高三大劫,能得一闺蜜相伴,实乃人生之一大幸也。那句话说得好,分享快乐,快乐会加倍;分担痛苦,痛苦会减半。在这里有必要说一下我们学校一个很好玩的地方:我们学校的高二语文组老师的办公室在三楼,除了可以从楼里的楼梯上去外,还可以从楼外的一段铁楼梯上去,这段楼梯只有高二语文组的老师偶尔会走,所以也算人迹罕至吧。但是我和闺蜜发现了这个地方,平时实在是学累了学够了的时候,我们两个就一起爬到铁楼梯二楼到三楼拐弯的地方,趴在栏杆上吹风,有时候我们一起抱怨这恼人的夏日，恼人的高考；有时候通过铁楼梯看着校外的车水马龙，幻想未来；有时候她轻轻地唱着声调舒缓的歌，我在旁边静静地听；有时候就是什么都不说不做，只是一起默默注视着远方，任凉风吹拂。一切都是那般平稳安详，真是一段诗一般的岁月。片刻的轻松过后，下了楼来，一切又恢复如初，只是心，没有那般累了。

在那段如火的岁月里，考试、学案、闺蜜、歌声、凉风、铁楼梯，还有校外不时响起的汽车鸣笛声，一起构成了我年少最美的一段回忆。

七月流火，现在的我，即将步入一段新的征程，而我已过去的"2003—2015"，会被我存档，保留在记忆的深处。

以此纪念我终将逝去的青春。

匆匆一年,三生有幸

姓　　名: 谷雨薇
毕业中学: 河北省衡水第一中学
录取院系: 外国语学院
获奖情况: 2014年"21世纪杯"全国中小学生英语读写大赛
　　　　　　高中组一等奖
　　　　　　2012河北省首届"河外杯"高中英语演讲赛一等奖
　　　　　　2011全国中学生英语能力大赛一等奖
　　　　　　第15届"语文报杯"全国中学生作文大赛三等奖
　　　　　　第5届全国中学生语文能力竞赛二等奖

千言万语萦绕于心,提笔时却是纠结犹豫,三百个日夜,再加之前的彷徨,与之后的释然,且让我一一叙说。

意料之中,意料之外

2014年6月8日,一切都结束了。我在宿舍楼下守着一大堆三年积攒的行李,等待回家的车。天空黯淡,夕阳无色,有风吹过,心中空如旷野。就此别过。

其实考完自己便有一丝不祥的预感,对答案时则心更凉,估分已有心理准备,成绩出来那刻还是重重沉了下去。606分,尴尬的分数,把一切计划打乱,连带着我的人生。面对同学们关切的询问,我不知怎么回答。哭过？也许吧。说好的北外竟成为遥不可及的梦,爸妈准备的可选学校全部成了空。手忙脚乱,足可形容填报志愿那几天全家人的状态,一个电话又一个电话,改了一遍又一遍。当时的我就像一棵可怜的草,被来自四面八方的风拉扯,自己却找不到方向。系统关闭前的一小时才最终完成志愿填报,仿佛命运就这样被钉住。

然而还是有希望的,有对运气的希冀的,万一呢？从未想过复读,几乎人人都说走吧,我也对自己说走吧,还可以考研呢。结果可也从未有什么万一,这绝不是我想要的。有一种名叫不甘心的情绪如星星之火,燎了心原。不甘心,不甘心,不甘心啊。所有的自信、自负、骄傲、狂妄,都不允许我将想象中的辉煌灿烂就此兑换为平淡。复读吧,复读去吧。为了北大的理想,为了北大的约定。爸爸说,再给自己一个机会,让自己不会后悔。我愿用一年时光,赌一场无悔。

我不入地狱,谁入天堂

狭窄的楼梯,拥挤的教室,传说中的地狱。讲课速度快得不像话,

高分背后的故事

连曾经睡半节课都能跟上的语文课如今都费力,每天就像被消防水龙头往大脑中灌注知识,从不适变为兴奋刺激。10点睡、5点半起,却也不必喝咖啡便神清气爽,精神焕发。习题多得写不完,每天的卷子能当被子用,一个课间桌子便被堆满,看着右手边的一摞慢慢变低,左手边的一摞慢慢升高,小小的成就感便扫除了麻木感。大大小小的考试连绵不绝,一张张成绩单凝聚着众人的喜怒哀乐,自己却总爱一笑置之,只是把它们当作一个个机会练习能力,调整状态。跑操时肺都在燃烧,总会想什么时候一口血吐出来躺在地上再也不动了,却也一直坚持着这样一圈一圈跑了一年。曾经一顿饭能吃一小时,现在五分钟也能迅速解决,只是从咀嚼变为吞咽。很少洗脸,头发凌乱,每天都在挑战自己的极限,最狼狈的样子都留在了那一年。

  每天最愉快的莫过于课间去开水间喝水,坐在过道旁的我会在下课的第一时间拎着水杯冲出去,冲出压抑得透不过气来的教室,挤过埋头苦学或抱团问题的同学。走到开水间,看看天、聊聊天,喝一杯、灌一杯,有时是燕麦片、有时是豆奶粉、有时是芝麻糊、有时是紫菜汤……并为自己还能忙里偷闲,享受人生而沾沾自喜。候操时,听着大家高声背诵课本,我默默地读起活页,为某些句子会心一笑,等早读时摘抄下来。跑操回来,看着冲向教室的同学们一一从身边掠过,我慢慢踱着步子,试图在依旧昏暗的苍穹上发现一颗星星,提醒自己头顶不只有天花板还有天空。到位倒三,吃饭前三,我以自己特立独行的方式对抗着学校试图在我身上打下的印记。总会被说"不够优秀",从一开始努力辩解也逐渐变为笑嘻嘻地接受,跟大家一起笑说"迷茫彷徨不紧张,散漫懈怠不优秀"。

  从什么时候开始呢,逐渐有了一种重新定义"优秀"的小小信念,便为之义无反顾地坚持了下去,如今不知是否也算是成功了。

有梦想的人只做证明题

初来乍到时给自己的定位是做一个低调的人,然而终究是本性难移。看多了表彰大会上埋头念讲稿的身影,听多了华丽的排比句,我想,下次还是我站在那里吧,给大家换换风格。

第五次调研考试,班级第1名,年级第12名,当老班把我叫到办公室时,我毫不惊讶,我的表演时间终于到了。在倒计时一百五十天那个名为《你若盛开,清风自来》的演讲中,我说"没有实力,就没有发言权",说"不作死,就不能活",说"梦想",享受沉默许久后站在舞台中央大声说话万众瞩目的快感。有趣的是,当年在邯郸一中时,我同样是在倒计时一百五十天大会时演讲,整整一年,见证了我的转变,那个曾经埋头念稿、华丽排比如众人的我竟然在这个传说中会丧失自我的地方逐渐找到了自我。

从入学以来我的成绩稳步上升,一路高歌猛进,势如破竹,第五次调研考试的意气风发让我的信心极度膨胀,尾巴翘到了天上。然而仿佛有一个诅咒叫"不能夸",自演讲之后我的成绩便开始走上了下坡路,但下滑幅度不大,所以也并未引起我足够的重视,只是按部就班地继续不断调整方法和状态。

转折点来自于一次不算迟到的迟到。那是一个周六下午,自由活动时间后,踩点进班的我和宿舍长以及其他两个同学不幸被守候多时的老班抓个正着。站在门外,贴着走廊的墙壁,我们被作为政治老师的老班进行了极为深刻的思想教育。之后,老班点名对我和宿舍长说了一句令我至今仍记忆犹新的话,"如果你们两个期中考试能考进年级前10名,以后随便迟到,不来上课我都不管,不难为你们,不用前3名,就年级前10名。"

就是这句话,一瞬间点燃了我的斗志,仿佛一管鸡血注入心脏,全身沸腾得都是肾上腺素一样,一直被压制的那个争强好胜的灵魂就此咆哮着苏醒,我毫不犹豫地选择应战。然而我也没有其他选择,更没有退路,唯有一战。

距期中考试到来的时间不多了,我根据自身情况转移学习重心,把主要时间用于整理改错、反思总结,作业选择性完成,兼顾各科以保持手感。依旧到位倒三,吃饭前三,但只要是学习的时间,精神便高度集中,一分钟当两分钟用,用高效打败拖延症,绝不给自己留任何借口去用早来晚走弥补自己低效的过错。那段时间达到了我十三年学习生涯中的最好状态,好到足以让我微笑着坐进期中考试的考场。

考前与宿舍长聊天,惊讶于她并未认真对待来自老班的"挑衅"。"老班从不会说错的",宿舍长如是说。那一刹那我明白了,期中考试是我一个人的战斗,关乎尊严,却无关他人,"有些路,总要一个人走"。

我是那么想赢,疯了似的。但坐在考场上的那刻,内心却无比的平静,没有任何想法,全神贯注,如风暴前的海,毫无波澜。冥冥中有一种力量,让我考完便有十成信心。出分那天早晨,我笑得既开心又狡诈,班级第1名,年级第9名,丝毫不浪费地、漂亮地、赢了。

在卓越班大会上,我以《真正的勇士》为题演讲,第一次将我对人生与梦想的思考公之于众。有梦想的人只做证明题,我已经证明了一些,还有很多等着我证明,而刚刚成功的一次,则是给了我莫大的勇气,让我坚定了考入北大的信心,让我在追求梦想的路上继续义无反顾地走下去。

诸神黄昏

巅峰过后,必然是谷底。我的谷底,来的不太是时候。

三模,距高考仅有十天,班级第36名,年级第317名,高考前的最后一战,却打得奄奄一息。从未考过的分数,数学差点挂科,地理倒数第2名,把我推向崩溃边缘。就像北欧神话中那场末世的战争,把我的一切信心、狂妄、冷静、沉着、淡然、潇洒统统毁灭了。为什么学了一年反而与刚来时无异?为什么付出后却没有回报?为什么?已经接受了这一事实,但眼泪却不受控制,止不住。一边擦眼泪一边改错题,但一些文综题讲完仍无法理解,气愤、无奈、悲凉,沉重的挫败感与无力感席卷而来,铺天盖地。老师的安慰,同学的关心,如小小的火光。但我仿佛冬夜的独行者,依旧无法挽留在寒冷中渐渐失去的体温。

三模出分第二天下午,课间去开水间喝水,一出教室看到爸爸站在走廊那头,刹那间所有的委屈都化作眼泪流了出来。那一晚是决定命运的一晚。在宾馆里,爸爸妈妈反复劝说、安慰、鼓励我,指引我从黑暗走向光明,"如果最坏的结果都能接受,那便只剩放手一搏""沉着冷静,胆大心细"……温暖的力量重新注入身体,坚实的后盾永远站立,我又何所畏惧?"如果我考上北大了,还考得特别好,咱是坚持学小语种还是去学经济呢?"我,又回来了。

诸神黄昏,劫火虽毁灭了宇宙,却也毁灭了一切邪恶,新的秩序重新建立,世界变得更加美好。这次挫折虽予我重创,却也扫除了我内心的软弱与怯懦,新的信心重新确立,我的内心更加勇敢坚强。

一切的终结，一切的开始

2015年6月7日、8日，激动而不失平静。

如一场平常的调研考试一样，吃完爱心餐，上完早读，相互拥抱，走向考场，铃声响起，开始答题，铃声响起，停止答题。"惊喜"连连的语文，忙而不乱的数学，沉着冷静的文综，胜券在握的英语。一切都顺理成章，水到渠成。

在这最关键的两天，爸妈始终陪伴在我身旁。每科考完，走到大门口，都有爸妈关切的脸庞，握住他们的手，心便会有说不出的安宁。

8日下午，有风吹过，墙上贴着的海报里，校长笑容满面。教室一片狼藉，老班忙着签名，家长们涌入走廊，我们又哭又笑……就这样，结束了？就这样，结束了。

率先得知自己名次的那一刻，有一种恍惚的不真实感。笑啊笑，蹦啊蹦，全家抱在一起，可以无悔矣。

拿到北大的录取通知书，一切都尘埃落定。高考不是终结，而是新的开始，它固然承担着选拔的责任，改变了我们命运的轨迹，却无法决定我们之后的人生。我曾说过，北大是梦想的起点，而非梦想本身。从今往后，我们将站在不同的起点，开始追逐不同的梦想。

在新的一切的开始，我只想说感谢，感谢这一路陪我走过的人，让我离梦想更近。

我们是小小的星辰

也许在外人眼中，我们都是一个个工厂批量生产的学习机器，一个个逢考必过的考试型学霸，一个个麻木笨拙不通世事的书呆子。然而在我眼中，我们是最璀璨的星辰。我们胸腔中蓬勃跳动的心脏比谁的都鲜活，我们血管中汩汩流淌的血液比谁的都炽热。

"不达目标枉少年，学不成名誓不还。百折不挠凌云志，我命由我不由天。""粲然潇湘，披甲戎装；鞘拔血刃，侠胆锐光；龙泉剑出，谁与争锋；巍然五岳，立我脊梁。"那些震天撼地的誓言，仍在耳畔久久回响。鲁迅先生说："真的猛士，敢于直面惨淡的人生，敢于正视淋漓的鲜血。"永远不要低估一颗复读生的心，因为不是高考选择了我们，而是我们选择了高考；不是没有大学上，而是没有理想的大学让我们上。我们把曾经的伤痕作为勋章戴在肩上，浴血前行，眼神依旧坚毅明亮。

我曾无法理解为什么会有人为了学习"拼上性命"，而这里的老师和同学们教会了我去懂得。别说什么换位思考，没穿上那双鞋，你永远不知道脚会有多痛。我不知道身旁的每一个人都背负着怎样的故事，但我至少学会了去接受、去包容、去懂得，去和他们并肩战斗。

我曾怀疑过在这个连聊天的时间都没有的地方人情将何等冷漠，然而事实告诉我，恰恰在这个地方产生的友谊最真最纯。无暇顾及其他，所有人被同一个光源所吸引，为了共同的信仰向着同一个方向肩并肩、手拉手地跋涉，披荆斩棘，跌倒再爬起，内心对同伴充满最诚挚的爱，不离不弃。而每一双曾对我伸出的手，我会永生铭记她们的名字。

我愿意相信"一切都是最好的安排"，让我在这一年有幸遇到你们。

欣于所遇

姓　　名：李　欣
毕业中学：河南省扶沟县高级中学
录取院系：经济学院
获奖情况：河南省优秀学生干部

回望灯如花。当我此时此刻坐下来，在夜深人静中将思绪打开，试图说些什么，或者是我自以为还算有用的学习方法，或者是我过去那刻骨铭心的誓言，或者是我曾经难以启齿不能坦然面对，却最终与其并肩的失败。我才发现，所有的语言在记忆面前都太过苍白。我决定只是将我走过的路展现给你，也或者只是为了给我自己一个交代。关于相遇，我万分欣喜。

当我曾是少年

我决定从初中写起，最是横冲直撞年少轻狂的年纪。入学考试我的成绩并不理想，暂且把它当作是我与小学的分手费吧。刚进入初中，人生地不熟，四下望去都是陌生面孔，没有熟络的朋友，反倒给我足够的时间和心情一门心思投入到学习当中去。现在想来，那段日子是最心无旁骛的时光，单纯的努力，单纯的向上，没有任何繁杂的事情，也没有任何琐碎的心事。月考中杀出来的我让所有人刮目相看。随着成绩的渐渐稳定，结识（或者是勾搭）的朋友越来越多交情也越来越深，我的本色也逐渐暴露无遗。兼任班长、团支部书记和英语课代表的我在班里独揽大权，为非作歹、兴风作浪……当然并没有那么严重。也许我真的不适合一心只读圣贤书，在年级第1名的光环下隐藏着我上课写纸条、讲笑话、写诗走神、欠作业、看杂书的乐天派的本质属性。

然而我依旧记得那一帮"狐朋狗友"在一起讨论问题的热火朝天；记得我一页一页写得工整的计划；记得我临考前熬夜复习而红红的眼睛；记得我一摞一摞或是写完或是只字未写的资料；记得我读郭敬明、读韩寒、读曹雪芹、读莫泊桑；记得我在同样夜深人静的时刻对着我的日记本一诉衷肠。我从来没有后悔我的初中是这样度过，以这样一种色彩斑斓放肆张扬的方式，我甚至是满意的，固执地认为这是潇洒。

你还不曾流过汗水

在我们那个小小的县城里，或许到现在仍旧有很多人认为，最高大的建筑并不是县城中央傲视四周的写字楼，不是人满为患的商场，也不是风格各异的小区，而是虽然不高却无比宏伟威严的县高中的教学楼。初中时所有老师们绘声绘色的描述和学长学姐们添枝加叶的渲染以及它真真切切的存在让县高中在我心里几乎和北大比肩共存。不同在于，北大更遥远，无论是具体意义上的还是抽象意义上的。所以当军训过后一切走入正轨，我发现我的成绩竟然不错，而且我初中时的朋友们都和我在一起时，很快，我们把初中时的"优良"传统延续了下来。我并不觉得那个时候的我有什么目标，北大在我心中遥不可及。努力维持自己还好的成绩只是一种习惯，生活于我来说有两个部分，学习和玩耍，界限分明，互不相干。

我曾经还天真且毫不动摇地想过选理科，当然，那是在我初中物理成绩优秀的时候。经过高中物理半年毫不留情的摧残和警告，我最终还是头也不回地选择与文科相伴相守。没错，我选择了文科。刚进入文科的时候，我以为自己天赋异禀，以为自己万众瞩目，以为自己无法被超越，以为自己努力勤奋，然而第一次考试却给我了当头一棒：年级第6名。在老师轮番谈话而我自己失意难过之后，我也终于明白：生活给了你一记耳光，是想让你低下头来。每一个不堪忍受的现在，都有一个不够努力的曾经。比起真正努力踏实的人，安逸的我从来配不上自己的野心，也没有资格获得更多。而从此，我也踏上了与数学斗智斗勇、与历史死缠烂打的漫漫长路。

别说青春来不及，已经来不及，来不及翻山越岭

常有人说：成功之人需要贵人相助。我一直都很明确地知道在过去这不短不长的十八年里，至少是在我的学习生活中、在我的人生节点或路口，都有不同的人向我伸出援手，鼓励或帮助我做出正确的决定，这也是我一直觉得庆幸的地方。高二开学后不久和语文老师的一次长谈，像兴奋剂一样刺激着我的脑细胞，唤醒了我沉睡的斗志。虽然记忆泛黄，不再清晰，但唯有一句话至今深深记得："想要考北大，就必须要以北大的标准来要求自己。"我没有跟任何人说过这次经历，也没有跟任何人说过这次经历带给我的感受，那是现在想起依旧会热泪盈眶的沸腾和清醒。

我还是爱说爱笑，但是有什么东西破土而出，疯狂生长。我开始一丝不苟地记笔记，整理错题；开始上课紧盯老师，不再发呆走神；开始比以前更认真地列计划，并且近乎严苛地要求自己落实；开始更加勤快地跑到办公室问题，并在遗留问题相关项上打对勾；开始用更快并令人惊异的速度下楼打饭，独自吃完，再回到座位上安安稳稳做数学题；开始不再招呼同伴一起上厕所，在走廊里瞎溜达……时间就这样不紧不慢地走，现在想想，似乎高二并没有特别多留下深刻记忆的事情，所有的日子仿佛重叠在一起变成了一天，日复一日。

要暗透了，才更见星光

高三了。狼烟四起、烽火连天、草木皆兵、人间炼狱……这些想想就令人胆战心惊的形容词通通都没有。还记得在高二的一次国旗下讲话中我说道："高三来了，高三，我们来了！"等真正把教室搬到了五楼，开始高三生活时才明白，高三并没有那么可怕。不过是更多

更烦琐的背诵内容；不过是大量需要整理的错题；不过是一张一张没有温度没有笑意板着脸孔的卷子；不过是一道又一道张牙舞爪的题目；不过是一根又一根用掉的笔芯；不过是更少的假期和更多的学习时间。顺其自然的过渡让我们在课余时间还会对彼此说一声："高三也不过如此，竟然被骗了这么多年。"

风雨来临之前唯一特别的是，我们迈过了2014年，迎来了2015年，崭新的一年。跨年的那天晚上，我在日记里这样写：

"2014年就这么挥挥手和我告别。一年三百六十五天，现在再回想，庸庸碌碌，无所作为。这一年，我为我仍有些不稳定的成绩付出了很大的努力；这一年，我收获了一个很好的同桌；这一年，我学会少向别人倾诉自己的情绪而学会了自己试着调整；这一年，我生平第一次崴到脚，尽管它在某种程度上甚至对我的学习有所帮助；这一年，我用更多的时间和父母相处；这一年，我在班级元旦晚会上因为感动而痛哭失声，度过了迄今为止最难忘的一个夜晚；这一年，我长大了许多，开始明白高考的意义并感受到了它临近的脚步；这一年，我是我，我也不再是我。

有时候我会想，时间就这么一天一天从指尖流过。你某一天翻开计划本时，惊觉时间已过了这么久。时光已不再按天来计算，十天、半个月一眨眼就过去了。你所以为的前天已是上周了，你所以为的几天前甚至已是上个月了。你不知道时间是以什么样的方式，在什么时候，在你做哪件事时就已悄悄溜走，一点痕迹也没有。在过去时间里的每一个呼吸，每一个眼神，每一个脚印，都历历在目，却已不再触手可及。

我还不够优秀，浮躁因子依然活跃，并且或许即将在1月2号明天的考试中显现出来，但这无法阻碍2015年我要变得更好的美好憧憬。

明天的太阳会是新的太阳。我此刻坐在这儿，向再也不会出现的2014年的李欣说句再见,你不够完美,可是你独一无二;向2014年的岁月道别,仍有缺憾,但熠熠生辉。

2015年,一切都会变得更好。

再没有比此刻更加坚信。"

一切如此顺利,不由让人起疑。然而很快,命运就为我解开了疑惑。因为在一模考试中,我年级第21名。

该怎么形容看到成绩时的感受呢,像是喝了一大杯冰冷的水,然后关了所有灯。我无法说服自己接受在成绩单上第一眼看不到我的名字,无法说服自己接受试卷上刺眼的红色和少得可怜的分数,无法说服自己接受不再优秀的我。我永远无法忘记我是如何在学校默不作声而回到家里在和现在一样寂静的夜里偷偷哭泣。2015年3月30日,一模考试表彰仪式,值得纪念的一天。没有人告诉我那天有这项活动,我在开始前一节课才知道的这个消息。整整一节课我都在想,我该用什么理由去跟老师请假,让我逃掉这个令我不知所措的活动。但我最终还是决定面对,尽管现在来看,当时的我怎么都不够坦然。

所有人,包括我自己,都认为这是一场意外。可是接下来的一次联考,年级第17名,随之而来的每次周测,我看着我的名次从第5名掉到第10名,再到第15名,然后第20名,居稳不进。我开始慌了。尽管一切都跟往常一样,做笔记、听课、完成作业、刷题,可是总找不到感觉,总觉得自己一直在向下坠落。对,就是坠落。

那时候的自己情绪两极分化的厉害,白天在学校时说说笑笑,打打闹闹,一切如常。但是在回到家的晚上,没有人看着的晚上,只有一盏台灯亮着的晚上,常常一边做着题一边眼泪就掉了下来。我说不清楚为何常有不知缘由的哭泣。或许我天生兼具两面性格,我一直认为"静如处子,动若脱兔"是对我性格最贴切的描述。我记得我在课桌上

贴了无数张便利贴，上面写"如果你现在在谷底，那你只要前进，就是向上"，写"所有杀不死你的都会使你更强大"，写"如果为了最后一次，所有现在的失败都是值得并该得到珍惜"，然而我记得我也写过"这次是真的够了"，写过"灯火是星光，星光遥远"，写过"太容易消极，太容易哭泣，一切都太过容易，只有脚步如此艰难"。记得我是如何一个人在课间站在走廊上闭着眼睛感受夜幕降临；记得我是如何独自在操场中来来回回地走却什么都不想；记得每一个自己独处的日暮和清晨。

"以清净心看世界，以欢喜心过生活，以平常心生情味，以柔软心除挂碍"。是林清玄所写。初读时心中感触颇深，立刻抄写下来。我告诉自己，不可能撑不下去，这就是生活。失败于我已不再重要，我明白这人生带我走回这里，有它真挚的意义。

我终于回来了。

我开始制订更加周密详尽的计划，找到自己爱主观臆断、审题不清、答题步骤不完整的弱点并努力克服。学会做完每一张卷子后用大量的时间总结分析并记笔记，学会放下永远做不完的卷子而重点攻克薄弱点，学会对着每一套高考题以及答案一遍又一遍地寻找答题规律。还有，我也终于告别曾经在低位徘徊的我，曾经躲在房间里偷偷哭泣的我，曾经不知努力的我，曾经慌张无措的我，找到了那个爱说爱笑，爱开玩笑，大课间叫着好朋友在校园里一圈一圈游荡的我，走过绝望和困顿，在失声痛哭后擦干眼泪的我。

在高考前的最后一次练笔中，我的成绩依旧是年级第15名开外。然而当我看到靠后的位次时，却已不再害怕或难过。平静如我，依旧过着一张又一张的高考卷，背着一页又一页的历史框图，翻着一页又一页的笔记，在计划本上划掉一个又一个已完成的计划。云淡风轻，波澜不惊。

关于高考这两天,我并不想多说。或许高考真正神秘是在于,没有经历过的人永远无法领会到她的魅力,而经历过的人永远也无法展现出她的魅力。当考完英语宣布停止答题开始收卷时,一瞬间心中五味杂陈。走出考场,看着别人兴奋的笑脸和三五成群商量着晚上去哪里庆祝的雀跃,我却并没有想象中的那样如释重负。没有尖叫,没有疯狂撕卷子,没有卖书,没有在大街上唱歌,没有昏睡三天三夜。回到学校收拾自己凌乱繁多的书,用尽全身力气和爸妈一起把书拖回家。离开之前,回头看看热闹喧嚣、人来人往的校园,匆匆离去,草草收场。

"回首向来萧瑟处,归去,也无风雨也无晴。"

我庆幸在最艰难的时刻有太多人陪伴在我的身边。难忘在一模考试成绩出来之后不计其数的小纸条还有长长的信;难忘在一次考试前一天晚上语文老师把我叫到教室外让我放松;难忘当我在办公室里面失声痛哭时数学老师给我递的纸巾和英语老师给的那个拥抱;难忘在一次午休时老班给我的一张照片以及后面所写的字;难忘每天晚上放学奔跑穿过校园时两位校长注视的身影;难忘妈妈每天接送我以及写给我的信;难忘我的同桌每次的爱心纸条,尽管每次都是同一句,"你没事吧";难忘所有老师们对我始终无条件的信任;难忘校园晚上的星空和宜人的天气。我无比感谢他们,感谢关怀,感谢陪伴,感谢帮助,感谢相信,感谢一路上有他们。

十八岁生日那天正值我的低谷期,我曾在那时想,在最低谷,竟然是上天送给我的生日礼物。现在想来,一切都是最好的安排。身在其中时我并不能懂,而如今峰回路转,置身其外,才知道,上天给我的成年礼物,到今天才完整结束。

风雨交加,总算抵达。

地平线

姓　　名：郭笑遥
毕业中学：河南省郑州外国语学校
录取院系：外国语学院
获奖情况：第13届全国创新英语大赛全国一等奖
　　　　　河南省三好学生
　　　　　郑州市优秀学生干部

偏爱这样一种景色——登上山峰极目远眺，群山影影绰绰地显出轮廓，极远处化作黛青色的剪影，被收进了天地交会的那条地平线；或是立足草原，静静观看太阳从草叶间猛地跳出，思忖地平线是起始还是终极：它送走了奄奄余晖的落日，也带来了烈烈升起的朝阳。"地平线是美妙的逃逸线"，它带来无休止的关于希望的想象，终结了过往所有内心的谣言，这是我不论回忆抑或展望都必须清楚的事实。

壹

我到底是一个怎样性格的人，无从得知。小时候不嫌害臊经常跳到大人面前蹦跶不知名的舞步，长大以后却不爱接腔。我猜这样的转变是从小学开始的。我小学所在的学校在全市以素质教育闻名，我也因而有了各种机会接触新鲜事物，结果入学头两年挨了不少批评，成绩也是不尽人意。我学习上的不良势头惊动了家里的文化权威——我爷爷。之所以这样说是因为他曾是一位高中老师，而令人称奇的是高中九门课程中除了英语在当时不够普及，他只有物理没有教过课，堪称知识库。他对于当时的我而言是近乎神的存在，太上皇的旨不敢不接。于是爷爷依着他的地位，迫使我在小时候养成了许多基本的学习习惯，譬如天塌下来也要先完成作业，一直到现在一看到空白卷子我都有种必须赶快写完的本能冲动，其实是教给我要分清轻重缓急的道理。再比如做完检查，七八岁的小男孩做起加减乘除准确度低得吓人，简直胡划，爷爷就一边逼我检查，一边用好吃的做奖励。这个做完先检查的习惯倒是被我成功延续下来，虽说有时候会影响效率，但总体上还是受益匪浅。这是戒骄戒躁，三思而行的谨慎，不单单是针对题目本身，更是做人的道理。

跟着两位老人的时光回想起来是很幸福的：隔代亲免不了溺爱

的成分,于是再过分的要求也会被满足,再无理的取闹也会被原谅,就这么疯疯癫癫地过完了童年。想必视力就是那时候衰退的,整日抱个小凳子坐在电视机前看,看完了猫和老鼠就看数码宝贝,DVD都看完了就翻到点播频道等土豪点节目,点重了就一遍一遍地看,差三错四地看了游戏王,到这个假期才有时间补上。我想小孩子的世界大概就这么简单,真正的无忧无虑应该就是这段日子。人若无知,就是幸福,这也是为什么乔布斯说"stay hungry, stay foolish"的原因吧。了解了这个世界的秩序规则乃至运作原理后,会看到许多不愿直面的现实,从这个意义上说童年就是一座象牙塔了,那些摔卡、拉火车、三个字,都是孩子们用以抵御冷酷现实的武器。还有印象深刻的便是家乡母亲河旁的一座游乐园,其实并不算严格意义上的游乐园,设施大部分是木制的,形式也无非是过桥通关,但这对于孩子而言就是天堂。可惜的是上初中之后进行了河堤改造,现在则是一个风景区,绿化和布局都非常漂亮,夜晚会有橘黄色的灯亮起。我却感觉怅然若失,再也没有一口气玩一下午,然后坐在小山坡上看太阳慢慢遁入地平线的乐趣了——时间在改变一切,而我只能追寻那道地平线。

贰

其实性格的转变在这时已经初露端倪。三年级分了班,前期习惯的力量开始逐渐显露,我开始慢慢向"该是一个好学生的样子"的方向迈步。四到六年级得到的评价不外乎腼腆、文静、女孩子气(最后一个什么鬼!),而这明显不是爹妈想让我成为的模样。于是我"被自愿"地参加了不少活动,从校委竞选到诗朗诵、舞台剧,开始由于紧张感是很抗拒站在台上的,但慢慢也就克服了怯场。把贪玩的精力收回来专心学习,成绩也稳了下来。印象很深的是学几何时候一次校内测试,100分的原卷、20分附加题我拿到了满分,自信心爆棚。后来六年级时数学老师很看重我,任命我做数学课代表,又嘱咐我每天找奥赛题给班里讲。毕业考试时某个企业出赞助要奖励全校前2名,结果出来落了个第3名,班主任笑话我你平时第1名的水平哪去了,我只低头用脚尖踢地上的土,无言以对。再后来回母校看老师,大家对我的印象一致是小才子,就是太害羞。我哭笑不得,有种黑历史被翻出的感觉。

说到才艺不得不提的是,我从三年级暑假开始正式接触音乐学习——钢琴和葫芦丝。于是一发不可收拾,不敢说对音乐多么有天赋,但音乐对我却是归宿一样的存在。从那个节点到现在的漫长岁月里,我曾无数次地对自己说"Music is my life",也无数次地用行动证明这句话,即使付出代价。它所为我打开的窗子让我得以更深入地窥见自己的心魂,保送假期里正经投入精力的事情,多半也与音乐有关。音乐给了我力量。初三备战中招和高三保送考之前一直挂着耳机睡觉,由此《You raise me up》成了本命,我想是歌手与歌本身给了我力量,而音乐这个宏大的概念则为信仰。它被灌注在我的生命里,就像不管在哪儿听到熟悉的歌都会不由自主地跟着哼唱,感觉到强烈的节奏时会有扭动身体的欲望,它就飘浮在空中,无处不在,因而给了我生命。而这两样乐器也由此成了爸妈锻炼我性格的伟大计划的重要组成部分。我曾经到爸爸的单位参加他们的新春文艺会演,还领到500元的演出费;初一暑假在咖啡馆当钢琴师,穿上衬衣也是"人模人样"。有了音乐做后路的感觉是极为安稳的,我可以放心地接受挑战然后放心地失败,接着宽慰自己你还有后路,听上几首歌满血复活不服再战,也幸好爸妈教导开明,我从不视其为炫耀的资本,明白"山外有山,人外有人"的道理。我也一直以"低调做人"约束自己,至于在社会的多变情景中如何操作,那又是一门需要觉悟的艺术了。

叁

现在想来,似乎关于我内心和性格的变化也有一定的往复规律可循。初中入校考试人品爆发考了第2名,背负了极大的期望入校。可没有金刚钻怎揽瓷器活?初一一年在年级第30名左右徘徊,毕竟没有那个实力。带班的是一位年轻老师,天天带我们疯玩,学累了在班里放电影,冬天去操场上打雪仗。我也跟着他吊儿郎当不上心,那时候也还在"在操场上疯跑一圈都觉得开心"的年纪,哪里分得清90分跟120分的区别。在能疯能嗨的时候交了不少朋友,也有几个撑过了时间的淘洗,算是万幸。幸福地把除了语数英之外的其他科目统称为副科,于是在各种各样的课本上画画,画的最多的是一棵树,站立在悬崖边,满树绿叶摇摆,勇敢坚强。那棵树的原型大概是生长在靠窗外的一株广玉兰——我曾在那个角落坐了半个学期,走神的时候总爱往窗外瞟,一眼就能看到它:叶片大而厚实,淡淡泛起蜡质光泽,花朵白色,落下点点阴影,混杂了阳光与花瓣的香气最为缠绵。几年后我才明白,我一定是在羡慕它的姿态:站立在阳光下,敏感而纤细,却又有挺拔的身躯,坚硬的骨骼。"心有猛虎,细嗅蔷薇",可以坦然面对得失,又以欣赏的目光打量生活,同时看得到大目标与小确幸,堪称人生的模板。这一年写随笔,教我语文的张老师不用固定的模式扼杀我们的灵感,她很善于发现思想的闪光,像扩写《石壕吏》,这种脑洞大开的方式(没错就是我……)都有她非常细致的评语,我对语文的兴趣便是由她生发的。紧接着升入初二,在分水岭理论的步步紧逼下终于开始仔细地审查自己的学习情况,发现问题奋起直追。生活变得无聊,但有意思的是,当心情变得寡淡,反而更能看到一些以前常常忽略的东西。那次期末考,我在语文作文里写到了妈妈给我在杯子里泡的茶,从夏天的杭白菊到冬天的枸杞,明明很平凡的东西却一下子抓到了老师们的泪点,我被拉进语文组,在异口同声的赞美中乱了阵脚。初二一年大概都是这样的状态,战战兢兢,如临深渊,如履薄冰,稍有逾界便拉响脑中的警报:"注意自己的言行!"于是和故事的走向相同,虽说成绩稳在上游,却对考试依然没有太大的感觉。直到初三——新班主任开始修理我内心潜藏的自傲与不成方圆。他在课堂上把最稀奇刁钻的问题留给我,待我默默无语时不留情面地嘲讽我,他改完作业把我所犯的每一个细小错误传播给他带的每一个班级,于是大家都知道了郭笑遥把氨基酸当成了葡萄糖。我很委屈,却也只能忍着。后来他批评的次数逐渐减少,我的心态也越发平和,中考才算是正常发挥。现在回想,多亏他磨掉了我身上那些尖利而无用的棱角,让我达到真正意义的沉静,不去理会外界的丝毫。那一年十分单纯,无时无刻不在做题、总结、背诵,语文在那一年积累打牢了底子,各科也摸索出科学且适合的方法。不说话的时候就去看书,"做一个寡言,却心有一片海的人",这是他带给我的改变。高二时读到巴尔扎克的句子,"一个年轻人,心情冷下来时,头脑会变得健全",没想到几年前的自己早就实践了这句话。"静"常与"冷"搭配,孤独是人与自己沟通的必要方式,是这样的吧。

肆

　　中招不上不下地考了第2名,去参加外语选拔测试,顺顺利利地通过,在5000∶200的比例中幸运走进郑外。太阳重新在哈佛红的校园里升起落下,又是全新的世界与全新的地平线。在之后的三年里我又无数次地看到这样的景象,在心境的悄然变化中完成了成长蜕变与三观的建立。郑外的这三年无与伦比,许多关于选择和考验命题呈现在我面前,也算是一路过五关斩六将,勉勉强强给自己一个合格的答案。走出象牙塔依旧长路漫漫,保持希望保持"饥饿"才好。

高一从外地生过渡到郑外模式,好奇地面对缤纷多彩的社团活动,忍不住都想要试一试,也跟班里的孩子们打得火热。玩得最多的是音乐和模联了。准备北大会时连续翘掉了两周的自习,天真地把一个奖看得比天大,但其实并没有什么用途。那次惨败的教训如一记重拳让我清醒很多,所以北大不仅意味着我的梦想,也是我一个成长节点的重要见证者,准确来说,正是这次见证,坚定了她作为梦想的存在。在"爱的越多,伤的越深"的普适预言中我悄悄做了决定。

比起放弃我更喜欢舍得这个词,没来由地有一种决绝悲壮的意味。准备保送时被搭档问到用一个词概括你的高中经历,我脱口而出,这两个字互为因与果,是我一路走来的真切体会。高二放弃了最爱的事彻底封闭了自己,仅剩的交流就只是和寝室与组内同学的寒暄了。世界顿时冷寂下来,我只是默默做笔记刷题,把自己结实地淹没在卷子中。买了一个小本天天写些东西,告诉自己坚持下去,"don't stop believing"。去图书馆借书,看史铁生的《务虚笔记》,边看边抄,边感叹他的寂寞更为浓郁壮烈。与书为伴的日子里整个人都变得清明,色彩虽被抽离出来,轮廓却越发清晰。就这样一步一个脚印艰难却坚定地走到下学期,颜色重回手上——是音乐。一群志趣相投的少年因为音乐聚在一起,每分每秒都是无比幸福的时刻。他们带着音乐闯入我的生命,告诉我接受本真的我,我微笑点头默许,几个人围坐在夜晚的操场上,在黑暗中啃着汉堡的情景依旧历历在目。之后的2014年世界杯,德国队捧起了久违二十四年的大力神杯,让我有理由相信上苍的眷顾。我似乎是一个轻微宿命论者,相信收获与付出的关系,因而坦然接受失败之后加倍努力。最喜欢的一句话是"养深积厚,等待时间",你要耐心地等下去,等那个只属于你的时刻,而在那之前,守住初心,舍得付出,一切就好。面对得失,这样的心态尤为重要。后来保送考失利,在我下定决心备战高考时又峰回路转拿到资格,一路顺利过关,更使我坚信所有经受的苦难不会被辜负。

高三备战保送,是三年中最努力的一段时间了,拼尽了全力也不觉得遗憾。每天早上换掉倒计时的小纸条,疯狂地刷卷看书。每天晚自习结束跟S同学一起回家,一路上嬉笑打闹或者讨论课上的难题,心烦时候跟他吐吐苦水,现在想想也是多亏了他的陪伴。那时候一连串的失利打得我措手不及,一个个问号打在成绩单上却只能继续前进,"几度心死,几度重生",现在回想依然不敢相信。拿到资格之后每天只到班里上早读,打着哈欠和寒战走在去阅览室的路上。长桌子上铺排着高高的几摞书,做改错做到心塞,先秦诸子读着读着一头栽进书里睡着了,从度娘上抄各种各样的书评鉴赏,自我介绍改了一遍又一遍。那时候每天从行政楼回家,走过喷泉广场晒着太阳,会突然忘记这个肃杀的氛围,生活美好,脚步安稳,没有值得担心烦恼的事。抱着这样的心态,回家吃一顿烧鱼,美美地睡上一觉,下午再战。傍晚出校门买面包时阳光总是金灿灿地洒了一地,回头只看到自己被拉长的身影,天地间有种令人泫然泪下的苍茫气势。"我不相信手掌的纹路,但我相信手掌加上手指的力量",毕淑敏如是说。所以说命运还是可以改变的,在那道地平线之后,仍有许多未知等待着我。

伍

半年的保送假期乱七八糟地做了不少事情,核心的是体验与经历。也逛了不少地方,也想体会行走四方的流浪感。在青海湖看过日出,也在木兰围场观了日落,地平线依旧深邃得让人摸不着头脑。即将和熟悉的生活分离继续旅行了。那就走吧,趁着晨光熹微,收好祝福与不舍,遇到前路的你们。

  过往属于身后的地平线,它就在那,不离不弃;未来却在前方,有待我脚步的丈量。而我,满心欢喜,只待启航。

又一季盛夏将至

姓　　名：陈颖婕
毕业中学：新疆乌鲁木齐市第一中学
录取院系：信息科学技术学院
获奖情况：第28届中国化学奥林匹克初赛二等奖
　　　　　第31届全国中学生物理竞赛二等奖
　　　　　2014年全国中学生英语能力竞赛二等奖
　　　　　2014年全国高中数学联合竞赛三等奖
　　　　　2014年全国中学生生物学联赛三等奖

> 开始的开始,我们都是孩子。
>
> 最后的最后,渴望变成天使。
>
> 歌谣的歌谣,藏着童话的影子。
>
> 孩子的孩子,该要飞往哪儿去。

收到那张单薄而简洁的录取通知书的那一刻,我知道,属于我的高中生活已被画上一个算是圆满的句号。

又一季盛夏已然到来,像是十八年来的每一个盛夏,却又和每一个盛夏都大相径庭。

这一次将要伴随一整个盛夏渐渐绽放的,不只是遍地的姹紫嫣红,还有那些年来一直为之奋斗的梦想——进入燕园的梦想。

又一次早早醒来匆忙地收拾好自己,却发现不久前需要拼命奔赴的高考已然结束;又一次套上校服慢慢地晃到了学校,却发现不久前一整个儿班的欢声笑语已经化作校门口红艳艳的榜单;又一次站在盛夏的暖阳下看一季花开,却发现属于自己的盛夏背后竟有着这么多的经年回忆。

【一】

我似乎看到了两个月前的自己,她还是像往常一样,坐在空气不甚流通的教室里,一边呼吸着周围同学的肺气,一边刷着自己的理综卷子。那时候西北的树刚刚吐绿,有阳光从枝叶的间隙中洒落下来,在红绿相间的塑胶跑道上映照成一片斑驳。偶尔有几只小麻雀叽叽喳喳地飞上五楼的窗台,啄着前几天某某同学随意洒上去的小米,摇着浑身茸茸的羽毛,一振翅就又飞上无边无际的天空。

只是那时没有多少人去看,一整个儿教室都充斥着烦躁和疲惫,每个人的脸上都满是困倦与不安。倒计时的牌子不知什么时候又被人换了数字,从百位数变成了十位数,又将要从十位数变成个位数,而谁都知道牌子上的数字变成个位的时候,将要面临的是多么无能为力的分道扬镳,多么无法抗拒的一锤定音。

"你写多少了?"有人伸过头好奇地询问。

"没多少。"被问到的人头也不抬。

"你就不能休息一下吗?"伴随着一声叹息。

"我才刚开始写。"

"学霸。"

"呵呵。"

这样的对话随时都有可能发生,没有人知道此刻被询问的人会是今年的高考状元。那时候,一切都是未知数,什么样的奇迹都有可能发生。疲惫的自己,疲惫的周围人,疲惫的未来的省状元,所有人都很疲惫,甚至累到不愿意看一看湛蓝通透的天空。

有人拿了把尺子,趁我们美女班主任走过来的时候量了量她的鞋跟高度,他们发现,班主任的高跟鞋一天比一天高了,以至到了最后,都有20厘米了。有人闲得发慌,专门跑去问她,她挺着身板,下巴微收,绽开一个自然的笑容,缓缓说道:"你们很累,我也很累,鞋跟高一点儿,我就多一分冲劲。"

"今天我们做一套报纸。"她踏着高跟鞋走上讲台,将分好的报纸发了下去。

有人叹气,有人沉默,有人塞好了耳塞准备专心做报纸。他们之中,有成绩好得只能四十五度角仰望的,也有成绩差一点儿只能默默叹气的,但是无论是谁,都希望在接下来的模拟考试中取得更为理想的成绩,能给自己再打一针强心剂,用不断增长的信心迎接接下来的高考。

可是事实总是那么残酷,有人考好了,就有人考砸了,一次考试下来,几家欢喜几家愁。

"你这次考试成绩下滑得厉害。"班主任语重心长。

"我知道。"坐在她对面的同学垂下眼帘。

"怎么,有什么心事吗?"

"嗯?没有。"

"越到高考前越要咬紧牙关,42公里的马拉松现在只剩下最后两公里了,谁能坚持下来,谁就胜利了。"

"我知道。"那个同学轻轻地说,眼中没有一丝波动。

是的,她知道。她知道现在这个时候最需要坚持不懈,咬紧牙关,可是她也同样知道,高考是一种什么样的考试,选拔性考试吗,不只,高考更像是一场赌博。把十二年从小学到高中的学习生涯全部押到这场豪赌上,赌的是自己今后的去向与生活。最后的冲刺只是给自己增加赢的概率,然而概率不是承诺,有赢就有输。

至于什么是心事呢,她很累,忽然有一瞬间觉得失去了学习的动力,不知道这能不能算是心事。还是说在老师的眼里,只有谈情说爱才算扰乱心神,只有家庭不和才值得做心理疏导,只有外界的因素所导致的才应该被体谅。然而她知道,她在为自己学习,为自己的未来,为自己的生活,而不是为了其他的任何人。那么,这就够了。这就足以让她撑下去了,足以让她振作起来,足以让她去拼去闯。

"走,跑步去。"有同学走过来拍了拍她的肩膀。

"今天太累了。"她把投向窗外一片新绿的目光收回来,勉强勾起唇角,扯出一个疲惫的笑容。

"就是累才要跑啊,身体累了,心就不那么累了。"

"是吗?"

"当然了。走吧。"那个同学拉上她的手,准备往门口走。

可是现在真的好累,心好累。她从座位上站起来,忽然一阵眩晕。她赶紧闭上眼睛,想要赶走那种突如其来的天旋地转,仿佛一瞬间,周围的世界全都消失了,只有自己重重的呼吸声在周身环绕。

终于,又可以听见班里同学笔头划过卷子的沙沙声了。

跑第一圈的时候,她是很不情愿的,心很累的时候,似乎干什么都提不起精神。

跑第二圈的时候,她可以清晰地听到自己重重的喘息声,是因为太久没有运动了吧,她想。

250米的不标准跑道,似乎因为多了一个慢跑着的女孩儿而更加鲜艳。

跑到第三圈,她忽然觉得整个人都轻松了,不是肌肉的轻松,肌肉因为这时隔很久的运动而开始酸疼;这是一种由内而外的轻松,像是跑起来之后,心中沉重的担子都因为相对运动而被远远地抛在了身后,抛在了这红绿相间的塑胶跑道上。

原来真的不累了呢。

【二】

"高考很重要吗?"

"高考很重要,但又不是那么重要。"

"高考可以决定太多太多对吗?"她自己都没有感觉到自己的轻叹。

"高考会在一定程度上影响你的未来,但是,你的未来还是自己决定的。"班主任笑了,"我当年高考分高出我上的大学40分,但是我只报了这个大学。有人问我后不后悔,其实我怎么知道呢,我怎么知道上一个更好的大学就一定会过得比现在好呢？后来大四了，我学的不是教育类专业，但是不知道怎么了，铁了心要当老师，于是我就是现在这样了。也有人觉得我不当老师可以有更好的出路，但是我并不后悔，因为这是我的选择，是好是坏都是我的选择。"

"如果考不到北大清华呢？"

"考不到又能怎么样呢？适合自己的才是最好的，你想要的才是值得你去追求的。"

但是，如果那历史悠久的北大才是适合我的呢，如果那如梦似幻的燕园才是我想要的呢？她顿了顿，还是没能把这句话问出口，而是笑着离开了班主任的办公室。

那么我会拼尽全力去追求我想要的未来。

每年高考倒计时的时候，都会有学长学姐回学校宣讲。既是为了吸引更多的学弟学妹来自己的学校，也是为了给他们讲讲高考冲刺的经验，让他们多一些由内而外迸发的斗志。

"我们当年总复习的时候，离高考还有二百天的时候就已经开始刷理综卷子了，每天一套，雷打不动。虽然现在好多人说不推荐题海战术，但是做题的经验与速度必须要在做大量的题的基础上积累和提升的。"

学长顿了顿，咽了口吐沫，"做题的时候一定要掐着时间，一气呵成，不要还没写几道题呢，就上个厕所、喝口水什么的。最重要的其实是对答案的过程，不会的题看一看答案给你的思路，花时间想一想答案为什么是这样想的，自己有哪些疏漏和答题不规范的地方。有些人，只知道刷题，刷完也不对答案，这就是浪费！白白地浪费时间做了一张卷子，到最后，错的还是错的，对的还不一定完全写对。"

她坐在教室的最后一排，看着讲台上不停地扶着眼镜的学长，想象着一年之后的这个时候,自己会在干什么,是回来宣讲,还是默默地复读,谁知道呢?

"你就是想得太多了。想得太多,做得就太少。先不要去想结果会怎么样,尝试着慢慢去做,题太多做不完怎么办,没有办法,但是你总是想怎么办,就一道题也做不了。"

"有时候我们要试着跳脱自己,站在一个新的高度上看自己的人生轨迹。看看这个时候我们在干什么,我们想要干什么,我们应该干什么。"语文老师看着她的眼睛,语重心长地说道。

她笑了,道了谢走出了办公室。

回家的路上,她忽然明白,高考复习什么最重要,大概是不忘初心吧。

高中三年已经到了最后的冲刺阶段了,说慢也慢,说快也快。奇怪的是,三年都熬过来了,却偏偏在这最后关头两腿发麻,目光呆滞,大脑一片空白,以致无论如何也踢不进这临门一脚。

其实,是因为身心俱疲以致忘记了自己的初衷吧,是因为觉得目标遥不可及所以就干脆听天由命吧,她想。

她总是喜欢找别人聊天,在自己最迷茫最无助的时候。有人觉得这样很浪费时间,但是只有她自己知道,没有做题的状态还要硬撑着做题是一件多么可怕的事情,如果一直这样下去,用不了多久就会彻底崩溃。倒不如抽时间找自己的老师朋友聊聊天,暂时放松一下持续紧绷的神经,听一听别人的想法和意见,这样也许会有意想不到的收获。

"看淡一点儿,想开一点儿,真正上了考场,能正常发挥就已经很好了。"

当时她没有把这句话当回事儿,转过脸呆呆地望着窗外,她以为一分耕耘，一分收获，殊不知这耕耘的，不单单是解题技巧，还有占了很大比例的心理素质。

那时候看着窗外成群飞过的麻雀的她，不会想到自己险些因为不够硬的心理素质而与燕园失之交臂，同样也不会想到自己在之后的自主招生中，因为放下了高考的担子而拿到了加分。

也许，有时候这就是命运。它会让一个人失去什么，又会在下一个时间点让一个人得到什么，而这得与失之间的痛不欲生，就叫做成长。

高考，只是一次重要的成长。

【三】

最后的最后，请记得，高考冲刺的阶段，你最大的敌人不是别的任何什么，而是你自己。你可以犯困，可以发呆，可以索性趴在桌上睡觉，可以翘课出去看看电影，但是，无论如何，请不要让自己的心累。

心累了，就忘记了初衷，就失去了斗志，就再也无法让自己坚持下去。

我在西北遥想燕园如画。

> 开始的开始，我们都是孩子。
> 最后的最后，渴望变成天使。
> 歌谣的歌谣，藏着童话的影子。
> 孩子的孩子，该要飞往哪儿去。

写给你的故事

姓　　名：寇腾腾
毕业中学：黑龙江省大庆铁人中学
录取院系：经济学院
获奖情况：2012年全国中学生英语能力竞赛国家级一等奖
　　　　　黑龙江省三好学生

1

十年前。美到迷离的童年。

还记得小学语文课本上的那篇课文《十三岁的际遇》，于我而言，那便是与你结缘的开始：

"没有什么使我停留 / 除了目的 / 纵然岸旁有玫瑰、有绿阴、有宁静的港湾 / 我是不系之舟。"

这是课文作者一遍遍念诵给北大的诗——不系之舟——多么宁静、自由而又美丽的画面，深深地感动了那时年少的我。电视上、书籍上、明信片上……夕阳下沉静的博雅塔，雨中迷蒙的未名湖……从此，在那颗小小的心灵里，种下了一颗名叫梦想的种子。

于是就在那个二年级的暑假，也就是十年前的初夏。一场因为比赛的北京之行，让我第一次来到了自己梦想中的北大……

我想我永远也忘不了那种震撼，那种一下子被深沉厚实的底蕴所吸引的喜悦，那种一下子产生的与命运抗争的勇气。那是似乎有些压抑的阴雨天，我却依旧记得那被雨打湿依旧庄严的华表，以及那片华表下鲜绿色的草地。那时我还是一个没见过世面的小女孩儿，没看过太多书，没去过太远的地方，当北大第一次以这样的面貌突然闯入我的视野，似乎也注定了一段"奇妙的尘缘"。

"我要上北大！"

就这样开始了吧——开始了这美妙的全新旅程。带着向往，带着梦想，带着孩子气的却也有无限力量的誓言，从不可能开始，从不可触碰的遥远开始，一步步接近你。

这是我，与你的故事。

2

或许是年少的承诺太轻言,高二下学期之前的我似乎淡忘了曾经的信誓旦旦。北大如同捉不到的影子,躲藏在我灵魂深处的某一个角落,那个为梦想不顾一切去拼搏的我浅浅地睡着。虽然初中的我按部就班地学习着,为了不可知的东西努力着,但是缺少了坚定恒心的我如同温水煮青蛙一般,在不坏也不好的成绩中自满着,不知上进着。时间也就这么一直白白流逝,一年、两年……虽然在外人看来,那时的我依旧拥有值得骄傲的成绩,依旧是好学生,但只有我明白,我原本可以做得更好。

高一高二的我,表面上奋进而又努力好强,为了挤满时间而没有目的地刷着题,却始终没有实质性的进步,如同卡在一个瓶颈,成绩上不去也下不来。于是我逐渐习惯了这样觉得什么都无所谓的自己,开始了自以为是的那半年。那时的我逃掉了一整个学期的最后一节晚自习,和最好的朋友在校园里漫无目的地闲逛,去吃学校食堂里的零食和小吃,和朋友开着不切实际的玩笑,幻想着空中楼阁般的未来。每天最大的乐趣就是看班主任的行踪,然后决定今天要逃掉哪几节自习课。

最疯狂的时候上课也会不听,自以为是地刷着自己买的难度大的练习册,炫耀着根本没人在乎的东西。印象最深的还有和周围一圈女生传纸条,说的都是些无关痛痒的故事和不切实际的幻想;和初中关系最好的隔壁班的男生在朦胧的感情中互相耽误……于是,就这样一天天的虚度着。

还记得最"忙碌"的高二上学期,我每个月都参加着不同的学校活动,几乎所有的大型活动上都有我的身影。再加上在并不值得的人际关系中纠结,用在学习上的精力真的少之又少。终于,在我为了参见学校音乐会逃掉了两节数学课被班主任知道后,班主任找我到办公室谈话。我的班主任,也是我的历史老师,他其实一直都知道我并不完美的学习成绩和并不沉静理性的心理状态。只不过他是一个非常尊重学生、相信学生的老师,他一直在期待我找到那个理想中的自己。

谈话的内容是委婉的,是没有激烈的训话的。但至今我回想当日,仍能感受到班主任那种平和与期待中传递的力量:

"腾腾,现在离高三也不远了,你什么时候才能给我考个第1名呀?要强不是说出来的,是做出来的。"

我想我永远都忘不了当时我复杂的心情,那种愧疚、后悔与突然清醒交织在一起,倏然间唤醒了那个沉沉睡去的,我想成为的那个不顾一切向前奔去的我。那个当初口口声声标榜自己要强的我,又是什么时候沦陷在了自己的懈怠下?

之后就是我人生中第一个不眠之夜,也是我第一次开始反省总结自己,第一次有了直面人生的勇气。

"还记得吗?北大,那个美好的梦。"

突然之间,那个声音回来了。那或许是一种召唤,北大以她特殊的方式告诉我,童年时期的梦想或许幼稚,但无论如何,我要对自己的初心负责。就在那个漫长的夜里,我一遍遍地告诉自己,这不是我想要的生活,这不是我想成为的那个人,这不是我可以不后悔的人生……

然后开始一点点摆正自己的态度,开始从心底认真对待每一节课。当一颗心沉静下来之后,我才明白学习方法的重要,漫无目的的刷题不仅浪费了我的时间,更不会使我产生长足的进步。我开始做精细到分钟的计划,开始制定每天、每周、每个月的目标。正是这些踏实的步履让我有了一种充实的奋斗感,让我看到了一切努力的意义。

"因为你是我的梦想啊!"

 3

然后就是我高中最关键时期的开启,是我真正转变的开始。

高二下学期的我开始变得低调、专注,放弃了所有的校内活动,一心向着那个神圣的方向前行,抑或是进行着一种朝圣者的朝拜。

再没有精力分散的正课,再没有逃课去吃饭的自习,和那个心仪却并不上进的男生断了联系,不再那么注意自己的用品、别人的眼光。我开始珍惜每一分、每一秒,甚至开始学会利用自己的每一个课间去学习、去提升。

那是想想都会让自己默默感动的时光,而我的成绩也正应验了那句话:天道酬勤。以前一直稳居第3名的我,考到了年级第1名,一次、两次……

但是命运似乎并不会那么容易。高二结束的那个暑假,我与北大的优秀中学生体验夏令营失之交臂——两个名额,而我作为综合排名第3名,就这样第一次和梦想擦肩而过。没有人懂我的懊悔与难过。我的父母为了不让我难过,一直隐瞒着我——直到我无意中听到了那两个同学的谈话。

那种悲伤,那种突然知道真相的震惊,与我对自己高中生活的懊悔交织在一起,让那个晚上成为我再一次成熟的节点。

虽然默默地流了很久的泪,我却明白,如果不能正视这些可能遇见的打击,那么最后失败的也一定是我。既然现状不能改变,何不把它转化为激励我前行的动力？把悲伤留给今天，把眼泪留给今天，明天早上太阳升起，我依然可以有足够的时间，去为自己的梦想而奔跑。毕竟，明天又是新的一天嘛。

带着这种信念与坚定，我把所有的懊悔都永远留在了眼泪流尽的那一晚。

然后就是高三了吧，经历了一次打击的我更加的沉静与从容。一切的一切，开心也好，郁闷也罢，我都学会了看清，学会用信念去面对一切。因为相信最终会有那一天，所以一切都可以忍耐；也正因为相信会有那一天，所以一切都可以去努力改变。

我开始相信每一分钟的力量：用五分钟看单词，用十分钟默写，用十五分钟训练历史大题。每一天的生活都被我掰开了、揉碎了，我开始计算如果今天的我多学半小时，那么一周会产生多大的效力。每一天睡觉前都会暗暗感到愧疚，睡前还会努力回忆今天学过的所有内容，以框架的形式把自己学过的知识又一次次总结，然而每天最可能的还是脑袋刚沾到枕头就马上睡着。第二天早上会赶在天不亮的时候醒来，看太阳升起，想到自己又获得一天时间去奋斗，就感到无比心安。然后又是一天新的计划，计划的表格上满满的都是我不断想起来的需要练习与总结的知识点。也会把那些励志的语句一遍遍抄写下来，记得自己写得最多的就是那句"为者常成，行者常至"。

高三上学期似乎就这么在平淡中度过，每天都是不断重复，我却相信这种努力自有一种"回甘"，的确，我的成绩开始稳居第一。但是，我的北大之路似乎注定不会那么平坦。就在高三下学期的时候，北大开始自主招生和"博雅计划"的申请。看起来似乎是上天的眷顾，原本学校仅有一个名额的校长推荐制开始向所有优秀学生开放，由于被高一高二并不完美的成绩拉了后腿，我的综合排名仅仅上升到了第2名。听到这个消息,我也更加暗暗坚定了要努力去北大的决心,我相信这是上天给我的一次额外机会。那段报名后等待结果的日子每天都是快乐的,我开始不断幻想自己真的以一个学生的身份站到北大校园里,徜徉在未名湖畔。我开始每天疯狂地学习,1点半、2点睡的我,可以在早上四五点钟迎接新一天的朝阳,而且每天完全不觉得疲惫,满满的都是幸福的正能量。

但是,正如那句话所说,希望越大,失望越大。就在距离高考仅一个月的时候,申报结果下来了,我们学校仍然只有一个人通过了初选。而我,又以一名之差,再一次错过了我梦中的燕园。

这个时候,已经疯狂学习一段时间的我开始出现了所谓的瓶颈期,各个学科出现了不同程度地倒退。一次又一次的打击让我开始动摇,开始怀疑自己是否有这样的能力,去面对那个年幼的自己许下的诺言。这个阶段的我无疑比以前更加痛苦,看着面前高考倒计时从三百天变成三十天,我开始感到巨大的心理压力,一面是怀疑,一面是焦虑。有那么几天,我甚至有了重读的想法。然而,看着旁边拼搏的同学,看着父母为我尽心尽力所做的一切,想起老师和朋友对我的鼓励与期望,即便梦想与现实的巨大落差让我失望、动摇,却也让我明白了一个道理,我不是一个人在面对这场战役,我不能轻易言败。这让我更加淡然地面对一切得失,让我在不断的思索中学会相信付出与回报的关系,相信"鸿鹄志远,天道酬勤"。

剩下的二十天我努力让自己心如止水。学会坦然接受所有可能的结果。每天都会在自己的卷子上写下平和、淡然这样的词语,用一颗沉静而又自知的心去面对最后的冲刺。

高考前一天,我收到了来自北大招生组老师的鼓励短信。

我的眼泪不由自主地流了下来,这次的我没有怀疑,没有惊恐,面对高考,我相信我已坚定。

然后的故事你们都知道啦,一个 Happy and perfect ending。

 4

"赴你十年之约。"

我想这是最完美的一句话,概括了我与北大所有的缘分。正如田晓菲所说,"自七岁起便结识便热爱的地方是永远无法忘记的,'让我俯首感谢所有星球的相助'"。的确,站在今天回望那段完美的旅程,回想那段奋不顾身的日子,除了感激命运的相助,便是感激自己的一路坚持。

嗯。这就是我与你的,完美的故事。

竞 赛 篇

百舸争流千帆竞，借海扬帆奋者先。

在绝望中寻找希望，
人生终将辉煌

——论我的数竞情结

姓　　名：陈子昂
毕业中学：浙江省杭州第二中学
录取院系：数学科学学院
获奖情况：第56届国际数学奥林匹克中国国家集训队队员
　　　　　　第55届国际数学奥林匹克中国国家集训队队员
　　　　　　第30届中国数学奥林匹克一等奖
　　　　　　第29届中国数学奥林匹克一等奖

高分背后的故事

高中三年,亦可以称作数竞三载,记忆中大部分的月圆月缺、日升日落,总是与数竞为伴。

退役之后一直想写一篇"数竞生涯回忆录",以封存我奉献出的三载青春,怎奈想写的太多,不知从何切入,故迟迟没有动笔。而如今恰逢入学,时间闲暇,想想还是赶紧将这三载时光记录下来罢,再拖,恐是连仅剩的回忆都要消散在时间里了。

  一

在很多人眼里,金牌拿到手软的竞赛大神一定是豪气冲天、恃才自傲、目空一切的,殊不知每块金牌背后,必然有一段苦涩的奋斗史。他们一定也曾彷徨、也曾失落、也曾迷惘,他们并不是常人眼里只会刷题的机器,他们也会在题海中忙里偷闲思考一下人生的意义。今日写此篇文章,并不是为了记录过去三年里的光鲜抑或是失意,更多的是想写一些关于数竞、数学与人生的肤浅的思考。

那是2012年的暑假,刚刚初中毕业的我,带着懵懂与青涩,豪情万丈地投身到数学竞赛之中,决定的如此坚决、如此果断,着实令现在的我震惊。现在想想原因有二:一来是一种天生的傲气,从小学到初中,我从来没有见过数学成绩比我好的人,而杭州二中作为省会城市里的名校,自然是高手云集,让我感觉到了前所未有的压力与不服;二来是一种压抑许久的不羁的释放,我的初中是一所名不见经传的学校,全校师生唯一的目标就是中考,铺天盖地的作业让同学们喘不过气来,繁重的学习任务下同学们根本没有时间去遨游于更广阔的知识海洋,而二中大气、自由、开放的氛围正好给了我们自主学习的空间,每个同学都可以选择自己喜欢的方向进行深入探究。

所谓"天下熙熙,皆为利来;天下攘攘,皆为利往",现在很多人学习数学竞赛,都是将其作为一块大学的敲门砖。而想想我当时,似乎真的是一点功利心都没有。刚刚从小地方考到二中,既不知道竞赛可以有着类似高考的效果,又不知道马上就要取消省一等奖的保送资格了,只是出于对数学的热爱,便满腔热血地投身其中。仍依稀记得当时父母劝我专心高考,尚不知竞赛对升学有何作用的我便固执地拒绝了。

那个暑假我在杭州参加了浙江奥林教育的数学竞赛夏令营,既学到了很多知识,又认识了很多当时感觉仅供膜拜的大神,譬如 A 和 B。这两位均为我的高中同学,后面仍会提到他们。前几天我受奥林教育之邀给今年的数学竞赛夏令营答疑,真是"年年岁岁'景'相似,岁岁年年人不同",亦可以说是物是人非罢,总之是百感交集。

二

高一的10月,迎来了第一次全国高中数学联赛,不用说,自然是打了鸡血一般。然而考出来却不尽人意,一试只对了三个填空题加某道大题的一个步骤,总共29分,一试加二试总共也才60~70分的样子,自然是什么奖都没有的。而之前提到过的 A 和 B,则分别考了162分和167分,都拿到了三等奖。不用说,我自然是受到了成吨的打击,所幸竞赛教练胡老师当时并没有告诉我分数,让我平稳地渡过沮丧期,否则我应该还要更多时间才能重新打满鸡血地投入到竞赛学习中。至于我得知我当年的分数,已经是在高二时进了省队之后。

第一次联赛虽然考得不尽如人意,但至少让我明白了一个道理,急功近利是一定行不通的,做任何事情都要脚踏实地,一步一个脚印。于是联赛之后,我就开始踏踏实实地学习高中的数学内容,每周三节课的竞赛辅导虽然不多,但也足以保证我在一个学期多一点的时间内学完高中知识。另外我每天回家完成作业后,总会抽一点时间做一些数学竞赛题,作为巩固和拓展。这样认认真真、扎扎实实地学习了一个多学期后,我总算是获得了数竞生涯的第一张奖状——2013年浙江省高中数学竞赛一等奖,虽然只是一个小小的省赛一等奖,但至少是对我一个多学期以来摆脱心浮气躁、急功近利的一种奖励,同时也是对我自信心的一种极大的提升。

记得高一时每周六我和几位同学还会去奥林教育参加一个数竞班,上课地点离学校很远,来回要坐两个多小时的公交车,自然是坐到昏昏欲睡。那个班是讲给高二的同学听的,最开始对我们来说确实是非常难,完全不知道老师在讲什么也是时常出现的事。尽管来回很累,课程很难,但我们还是学得很开心,出于一种对数学的热爱。

总之高一时学得非常辛苦,但也是乐在其中。

三

高一升高二的暑假,我东奔西走参加了很多培训,以及一次东南地区数学奥林匹克。不算两次培训之间一两天的小间隙的话,那个暑假我连续完整的假期只有八天。有一个小故事现在想起来也是颇为有趣,在我的"八天暑假"的第五天中午,我在图书馆遇到了我的一位初中老师,她问我什么时候回校,我说8月20日,她说学习真辛苦,一个暑假马上就要结束了。我当时表示赞同,但是转念一想,似乎不太对劲,因为我的暑假总共只有八天,到第五天的中午应该只是刚刚过半而已,根本谈不上什么快要结束了。

那次暑假我去参加的第10届中国东南地区数学奥林匹克,现在想起来仍然是很激动,毕竟是第一次参加有如此大规模的开闭幕式的活动。那次比赛我第一天由于身体状况不佳,发挥得很是离谱,连第一题都没做出来,第二天身体恢复了很多,考得也是比较靠谱的,最后总成绩压线拿了一等奖,着实兴奋异常。

高二的10月,又一次迎来了全国高中数学联赛。经过了一年的刻苦学习,结局自然要比高一时美好得多,但是也没想到结局可以来得如此美好。考完出来时,我感觉非常良好,似乎只有一道一试的填空题和二试的最后一题没有做出来,但是一对答案,发现小失误还是挺多的,并没有把该拿的分全部拿到,还是有点沮丧的。从大家的反馈情况来看,似乎都考得不错,于是当时给自己的定位就比较低,觉得运气好的话可以拿到一等奖。但是结果出来着实是大为惊喜,居然进了省队!不久之后又参加了北大的自主招生考试,签约了数学科学学院。

如此一来,必然是自信心与激情爆棚的节奏,命运总是会眷顾心无旁骛又不懈努力的人。

四

这以后又开始准备冬令营,我当时始终觉得我进省队其实是运气很好,而实力并没有达标。于是在学习的过程中把自己的姿态放到很低,特别虚心。当时和二中一位高三的同学一起准备冬令营,印象中每次我遇到不会做的题就请教他,印象中从来没有哪一道题是我做出来而他没有做出来的。但是最后在冬令营的考场上,我却出人意料的比他考得好。当时并没有觉得自己能考得多好,只是抱着去学习的态度,想到自己的水平几乎不可能在任何一天把三道题都做出来,所以还不如把有限的时间聚集起来,一道一道地啃。故当时的策略很明确,就是不做出第一题决不做第二题,不做出第二题决不做第三题,虽然这个策略明显有很大的漏洞,但是对当时没有哪方面特别厉害的我来说还是比较合适的。最后的结果感觉仍然是命运在眷顾我，完全没有料到最后能把前五题全部做出来，入选了国家集训队。

虽然进了国家集训队，但是我明确地知道我的实力其实还是挺一般的，所以始终还是保持着一种低调的姿态，尤其是在各种培训中认识了很多实力简直让我无法想象的大神。所以在国家队选拔考中，我还是抱着一种去拼的心态，从来没有想过要进国家队。命运显然不可能无止境地给我眷顾，虽然我在不止一场考试中超常发挥，但最终实力欠佳的我没能入选国家队。不过最终的排名还是让我十分欣喜，据说是第11名，比我的预期不知道要高了多少，甚至比不少我当时认为不能望其项背的高手考得还要好。

高二一年磕磕绊绊地爬到了这个高度，一来是上天的眷顾，有的时候实在是运气好，二来也是对自己这两年脚踏实地地学习的肯定。

五

一下子从一个什么都不会的菜鸟冲到如此之高，必然是也是有一些负面影响的。高二国家集训队集训活动结束之后，我回到学校，曾经一起并肩作战的同学们还在教室里面上课，而我却早早保送，更多的时候是一个人待在数学竞赛教室里学习，一个人看书、一个人做题，平日里连个说话的人都没有。时间长了，自然是非常寂寞、非常难受的，说实话我当时甚至想过要去一趟心理咨询室，但最终还是没有去。搞数学竞赛的人一定知道一个叫柳智宇的学长，他是2006年国际数学奥林匹克唯一的满分选手，他在北大数院毕业之后收到了麻省理工学院的全额奖学金邀请。当很多人认为他会出国深造时，他却做出了一个令人震惊的决定，他毅然放弃了麻省理工学院的邀请,不顾很多人的反对,跑到龙泉寺出家去了。我最初听到这个故事的时候也是非常震惊,很不理解他为什么这样做,身边的人都告诉我他是走火入魔了,我也信了。后来我看到了一篇叫作《天才的出走》的文章,讲的就是柳智宇从高中开始一直到出家的故事,这篇文章让我深入地了解了柳智宇,同时对他出家的前前后后也不再认识得很片面。

其实每个人都有权利去做一些关于人生的思考,只是很多人一生忙忙碌碌地追求功名利禄,没有时间去想这些东西罢了。柳智宇作为华中师大一附中的高才生,在一轮轮的考试与选拔中坚持下来,而他身边的同学们却在数学竞赛的追梦路上相继被淘汰,回到教室投身到高考的学习中去。最终的结果是很长的一段时间里偌大的教室中只有柳智宇一人,这种孤单和寂寞是常人无法想象的。也正是这种感觉,加上他的眼疾,无法长时间地用眼,迫使他去思考一些关于人生、关于生命的意义的东西,所以他最终选择看破红尘、选择出家,我可以说是完全理解的。其实我如此地理解柳智宇,是因为我的经历使我感同身受。高二国家集训队集训活动结束之后,回到学校总是一个人面对一间偌大的教室发呆。虽然我不如柳智宇那么优秀,但那种孤独的感觉是一样的;虽然我从来没有想过要出家,但在那段时间里我也思考了很多关于生命的问题;虽是闭门造车,但也是感触颇深。对于柳智宇,我想说"烟霞清净尘无迹,水月空灵性自明",愿你在龙泉寺找到真正属于自己的人生归宿。

在与柳智宇的孤独共鸣中走完了高二,进入高三时,我终于迎来了自己梦寐以求的小伙伴,我有三位同学入选了这一年的省队。他们陪我一起学习、一起做题、一起玩耍,到现在想起来,心里还是非常感动,真的是非常感谢他们,谢谢他们在我最孤独的时候给我送来的温暖。高三冬令营,略有失常,但还是有惊无险地入选了国家集训队。到了国家队选拔考试中,由于来自学校、老师特别是自己的期望和压力过大,再加之当时解题状态没有调到最佳,最终严重发挥失常,没能入选国家队。到此为止,我的数竞生涯算是走完了,经过了起起落落,有光鲜亦有失意,最终归于平静,我想说,奋斗的青春不遗憾,未能进队依旧爱数学。

六

下面我想谈一谈我个人对数学这门学科的一些不成熟的思考。

数学作为一门现代自然科学中的基础学科,在人类历史的发展中起着不可替代的作用,正如著名数学家齐民友先生所言:"一种没有相当发达的数学的文化是注定要衰落的,一个不掌握数学作为一种文化的民族也是注定要衰落的。"一谈及数学,很多人认为它仅仅是一种工具性的存在。其实不然,数学不仅是一种科学的语言和工具,更是一面科学革命的旗帜。

我个人认为数学有三个层次:计算、技巧和思想。所谓计算,就是指数学的工具性,但这仅仅是最低层次的数学。所谓技巧,就是一种供人玩味的数学,譬如说我们的奥林匹克数学。而数学对人类文化真正的贡献,应该在它的思想层面。数学以它的简洁性、深刻性和统一性,加之其对自身体系的不断反思和完善,给人类带来了严密的公理体系和根基牢固的逻辑大厦。数学对一个人真正的影响,并不在于他会解多少数学题,而在于数学会给予他一种严密而理性的逻辑思维体系。一个人数学水平的高低,将直接影响他以何种方式认识这个世界,思考这个世界。任何一个时代,数学的发展状况,决定了人们思考问题、认识世界的方式,进而影响人类文明的发展状况。

而纵观人类历史,每一次人类文明质的飞跃,其背后必然有一次理性思维的解放,有一次对世界的思考方式的转变。而究其本质,则是数学发展所引发的人们思考问题的逻辑大厦的加固抑或是推倒重建。譬如说中世纪末期,当新的生产关系出现时,人们需要一种新文化来与当时占统治地位的天主教相对抗,于是古希腊文化被复兴了起来,形成了所谓的"文艺复兴"。而数学则直接继承了古希腊的数学成就,以一种理性的思考方式喊出了"认识宇宙,也认识人类自己"的口号,成了当时科学技术革命的旗帜。

最后,对于即将开始的大学生活,我想说:北大,我来了,我来迎接更大的挑战,我来塑造更好的自己!

求学十二年

姓　　名：曾宪哲
毕业中学：华南师范大学附属中学
录取院系：物理学院
获奖情况：第31届全国中学生物理竞赛决赛一等奖
　　　　　第31届全国中学生物理竞赛复赛一等奖
　　　　　第30届全国中学生物理竞赛复赛一等奖
　　　　　泛珠三角物理邀请赛综合试一等奖
　　　　　泛珠三角物理邀请赛基础试一等奖

高考后的暑假,忙着旅行、阅读、会友,虽并没有高三时的紧张、拼搏,却依然感到生活十分的充实。只是,这充实有时过了头,便总觉自己终究无法逃脱高速运转的状态,终究无法真正"闲"下心来、"静"下心来。恰好这几天终于有了个安静下来思考的机会,思考过往的人生,思考自己得到了什么、又失去了什么,思考自己的成长、学习,终于感到有些话想说,于是便有这篇"求学十二年"。只是希望能由个人的学习经历谈谈对学习的体会,内容不足之处,望念及作者不过一介少年,见谅见谅。

求学之路

1. 初见世面的孩子

自幼成长在大学校园里的我,童年简单而淳朴。幼儿园、小学的前几年都是在大学的附属学校度过的,校园里的环境真可谓与世无争,没有补习班学这学那,甚至几乎没有作业与考试,我和我的同学们一下课就去操场上玩耍,一放学便兴高采烈地回家。然而,在广州这样一个大城市,其他小学的同学们对于学业,早早地已开始你追我赶的竞争。当我考上并转入广州市奥校时,一向被视为我们小学数学奇才的我,猛然间感受到了与他们的差距。

在广州市奥校,是我第一次遇到学习上的困难,也是我第一次尝试赶超。我的同桌比我优秀,我发现原来他有一个本子,专门记公式定理,于是我也找个本子记公式定理;我们班长比我会做的题多,我发现他每次都把做错的题再做一次,直到做对为止,于是我也这么做。一年下来,我的排名进入市奥校前20名;又过一年,凭借出色的临场发挥,我拿到了当时被认为含金量很高的"华杯赛"一等奖。带着所有人的期待,我满怀信心地报考了华南师大附中的初中部——广东省奥林匹克学校。

命运在此给我开了第一个玩笑,似乎有绝对实力的我落榜了,看似偶然却是必然。小学的语文英语基础太不牢固,就算数学这块板极长,依然弥补不了其他学科落后的差距,"放养式"的小学生活,虽然让我有一个无忧无虑的童年,却终究留下了隐患。万幸的是,我还是得以进入一所师资力量仅次于省奥校的初中——广东实验中学。

2. 成长路上的少年

我的初中,又是一次长途奔袭式的赶超。开始时文科几乎班里垫底,政治根本无法理解题意,甚至几次徘徊在及格边缘。我的心态也出现了问题,感觉自己已然非常努力(现在想想不过是和小学时对比的感觉而已),却还是落后。是方法不对,还是我本身资质平庸?青春期的逆反心理顺势萌动,在家开始和家长闹矛盾……改变这一切的,是我的同学们,正是他们关键时刻的鼓励,让我感受到友谊的温暖,让我不再懊恼于一时的失落。我逐渐把心态调整好,首先接受暂时的落后,其次是不急不躁,一点一滴地赶上。另外也开始尝试篮球、足球等课外兴趣活动,放松身心、拓宽自我。最后,时间证明,我的提高只是还需要时间。初三,年级前10名已能经常见到我的身影。

学习上的赶超固然可喜,然则初中三年,对于我来说最大的收获却无关知识的学习,而是另一种学习——学会做人、学会与人相处、学会独立思考。走出童年成长的大学校园,我认识到各种各样的人,他们以自己的方式、自己的价值观生活着。或许有些人你认同、有些并不认同,却不妨碍他们各有悲伤、各有喜乐。未必有那么一种所谓"正确"的生活方式,有那么一种客观"正确"的看法。人与人之间应当尊重差异,正所谓"和而不同",尊重个体之间的差异,人们才有真正的自由与和谐。

初三结束,仅仅抱着试试看的心态,我在完全不被看好的情况下裸考考入了小升初时的伤心地——华南师大附中奥林匹克学校的物理组,想来令人啼笑皆非,真可谓"山重水复疑无路,柳暗花明又一村"。此时的我却没有"一雪前耻"的欣喜,只是一片淡然。我意识到,一段新的征程开始了,又一次长达三年的追赶,开始了。

3. 追梦途中的青年

值得欣慰的是,这些年的学习,让我找到了我的兴趣——物理。哪怕我的物理水平与一些领先者比大有差距,但只要学习着自己热爱的事物,又有何虑?

升入高中奥校,让我又一次感受到了更大的平台、更宽广的视野带给我的冲击。同学们讨论问题时可以针锋相对,私下里却是相谈甚欢,他们对真理的求索、简朴而严谨的学习态度让我佩服。那时我的数学基础已与那些坚持学习数学竞赛的同学有了不小的差距,物理也完全没有超前学习,我有的只是满满的斗志、对物理的兴趣和之前几次赶超体会到的积极心态。

于是第三波赶超开始了。

高一,从组内平均到前5名。

高二,第一次参加物竞,拿到省第1名。泛珠综合试排名全国22名。

高三,物竞决赛金牌,遗憾未入选国家集训队。

这些成绩,远没有一些真正大牛那么耀眼,甚至到了最后的高三决赛,还是有很多的遗憾与不足,可我并不因此否认它们的价值。它们的价值并不在于这些奖项本身,而是背后那在冬日去自习室坚持的每一天,在宿舍与同学争论到面红耳赤的每一夜,更在于那被物理之美打动的每个瞬间。如果说三年前的我还是个迷茫无知的少年,但至少现在,我可以说,我已在追梦的路上。成绩上的赶超不过是冰山一角,真正的赶超,从来都是境界与态度。

万幸,三年走来,我热爱的还是物理,不是竞赛。

感悟与思考

我的十二年求学之路,概括起来便是以上这些。似乎并没什么不寻常和曲折之处,要说真的有那么些与众不同的地方,我想,就是我在不停地重复那么一个模式:落后、赶超、去一个更好的平台,然后再次落后、赶超……几乎在任何地方,我都不会是那个一开始就跑在前面的人,然而却可能是在最后跑得相对较远的那个。在我看来,这主要是以下的几点原因:

1. 坚持先学做人,再学做事,学做事先学方法,再学具体

我认为,学习成长的过程,必须有系统归纳和方法指导,一味埋头苦学容易偏离方向,事倍功半。因此,每次进入一个新的环境,我都不会急于扎进新的生活模式中,而是先对周围的一切有个大体的了解,尝试不同的方式方法。一段时间后再根据效果决定最终的计划和方向,然后为之努力。这样做虽然初期会有一定的落后,却能把握好方向,找到最适合自己的学习方法和生活方式。

2. 博采众长,向他人学习

平心而论,如果没有周围同学对我的启发和我对他们的学习,无论是生活还是学习,我一定与现在的水平相去甚远。我从小学奥校的第一次赶超就努力地吸取周围人的长处,开始只是简单地学习小

方法和习惯,渐渐地变为更深层次的东西。我认为,向他人的学习,不是单纯的知识或是学习方法上的学习,更重要的是人格品质和思想认识上的学习。譬如,高中与我同宿舍的周同学,成绩十分优秀,他的学习方法、习惯值得我学习。但我最敬佩他的,却是他为人处世时表现出的"温良恭俭让"的风范,得之泰然,失之淡然。与他的交流让我逐渐被他的这种气质感染,受益匪浅。

3. 永远保持积极的态度,三观要"正"

何为"三观正"？至少做到看法不要太过偏激、非黑即白,要尽力做到科学、客观。困难来时,不要因一时的落后忙于自我否定,自暴自弃,找不到自身价值,从而放弃了努力；春风得意时,也不要忘记自己到底几斤几两,不能自视过高、心态不平。更何况得意失意只是一时的,塞翁失马,焉知非福？现在的我便对初中没有考上奥校这一点感到庆幸,若非如此,又怎有初中三年为人处世方面的成长？又何来那些一辈子的兄弟朋友？态度积极这一点,我想对于接下来这几年尤为关键。进入北大之时,千万不要被"北大"这两个字撩得头脑发昏,得意忘形。而见识到许多更优秀的同龄人后(这几乎是必然的),也不必完全灰心丧气,应重新找到自己的定位,趁此机会完成又一次成长与蜕变。毕竟,并不是只有第1名才有价值。

4. 永远追寻自己热爱的

要找到自己的热爱,要找到自我定位,不要太过于顾及他人的想法,但也要懂得舍得之道。如果你是一个社交狂人,那么请不要因为父母家庭的压力去做一个学霸(除非这也是你想做的),朝着销售经理一类职业发展也一样很好,但是必须清楚这或许就要舍弃一个上好大学的机会；如果你是一个天生喜欢知识,喜欢学习的人,那么别去管别人说什么死读书、读死书,而是我是 geek 我自豪,不必羡慕别人呼朋唤友热血青春;如果你热爱运动,每天可以花一个多小时在球场上,那么别管别人说不务正业,但也要接受可能并不突出的成绩。

生活就是这样,路是自己选的,咬着牙也要坚持走下去。

谈谈学习上的一些事情

姓　　名：贺　鑫
毕业中学：河南省郑州外国语学校
录取院系：化学与分子工程学院
获奖情况：第28届中国化学奥林匹克决赛金牌

这篇文章是写给未来的学弟学妹的,由于我是一个学竞赛的学生,道路或许有所不同,但"所以兴怀,其致一也"。希望能使学弟学妹"有感于斯文",对学习有所帮助。以下大多源自于我的个人情况,介绍一些我的经历及感悟。

谈一些学习上的感悟

1. 学习是一个求知的过程

无论你是在县市高中奋斗,还是在省城名校刻苦,无论你是希望为自己为生活谋稳脚步,还是渴望为人类为社会做出贡献,这些都不会影响一个事实,学习应该是一个快乐的求知过程。也许你习惯了考试,一次次用分数紧逼自己,做题训练,天天熬夜,越是学霸,越是头脑逻辑理性思维敏捷,也越是会对这些眼前的紧迫问题纠结不已。确实,高考升学是你眼中排在首位的大事,但你是否问过自己,是否过多纠结于重复式训练,而迷失了人天性中对知识的渴望?考试固然重要,但不要一味纠结于考试,有很多知识是考试当中没有的。当你带着一颗求知心学习时,学习就绝不会是一个痛苦的过程,并且就算当你偶尔受到考试的打击而失落,求知心也会激励你重新振作。反之如果你彻底丧失求知心,就会变得十分可怕,所以我把这一条放在了最前面。

2. 虽然说过不要纠结于重复,但重复是一种好习惯

似乎与上一条相矛盾,但上一条说的是请不要纠结,这一条讲的是重视重复的作用。要做到做一件事忘了自己的存在,听起来像很难达到的境界。其实不然,只要一步步开始,无论是生活作息、日常运动(当然需合理安排),还是题目训练,慢慢地就会达到重复而不怀

疑的地步。不妨说这是锻炼毅力的过程,先有求知欲,再通过努力的过程,将自己所想的变为真实的。所以这不与第一条矛盾,反而建立在第一条基础之上。并且注意这里的重复说的是精深程度,并不意味着你仅在几个问题及应试知识上打滚就可以了。大面积重复训练,小范围反复锤炼,对成绩的上升是有很大作用的(这不仅仅是应试的规律,也是人世间普遍的规律)。

3. 其他的一些好习惯

大家一定听说过一些高考状元或考试能手推荐的一些学习习惯,几乎所有人提起这些习惯都会感觉的确会有益于成绩进步。大家其实都知道这些,但究竟用了的又有多少? 其实很多我也没用过,最重要的是找到适合自己的方式,一可以来自于学长们的推荐,二则可以就近观察你身边的同学和其他人。尤其后者更能深入心扉,既交到了朋友,又发掘了自己的观察感悟能力……这里我只能收集罗列一些建议或方法,在前一方面给大家以帮助:

① 做笔记,如果你想学好一门科目的话,做笔记是一门最起码的课堂礼仪,做笔记建议用不同颜色的笔记录及批注,并留下适当的空位用于自己再次阅览时的思索与感悟;

② 多预习,尤其自己觉得自己悟性不是很好的时候,在这方面我的经验不多,我的做法是在老师讲之前就自学一遍,然而预习完全不必达到如此,预习的作用在于了解所学知识的架构与原理,所学知识都是能在一遍教学过程中学会的,所以不要抱着学两遍就一定比一遍好的态度,我认为自主预习效果就很好,因而我也不支持上预科班;

③ 时常复习知识点(除非你觉得你是天才,一遍足以深透理解),复习笔记(比如物理、化学),时常背诵(如语文、生物、英语),并将知

识相关联,还可以自己挖掘推导更深层次的东西;

④ 对一些题目(比如你对一些或一类难题感兴趣),做一些方法整理(你去看别人的绝对没你自己去做更有效);

⑤ 错题本,尤其是自己确实需要的科目,并且在高考复习阶段更重要(我则只在竞赛阶段和备高考阶段整理过错题),如果仅是针对这些阶段的话,也没有必要分成那么多本分记不同科目,一个好的活页本足矣,关键是将记上去的东西烂熟于心;

⑥ 消化试卷,从试卷中悟到的总会对应试有用处(无论你是做对还是做错),与错题本相配合会很好,题中总结出的方法或答题格式可以整合在笔记或错题本上。

针对具体科目的具体建议,看看那些高考状元写给大家的,一定会受益不少,这里我就不多说了。

对我成长起到关键作用的那些东西

1. 父母的宽式教育

小学时,我一直是一个比较任性的人,成绩也不怎么好,父母因此对我严加看管并且达到了很好的效果,为以后的"宽式"打下了基础。长大后,我渐渐有了自己的想法,我曾一度想跳级,面对父母的不建议,最后放弃了。升到初中后,我开始有了自己的兴趣,对数理化痴迷,并且开始厌恶上程式化的辅导班,父母最终依了我的意见,将我所有的学习过程放给我自己。于是我得以半懂不懂地自学了高等数学和大学物理(尽管用的是工科教材),在初中阶段就知道了微积分,甚至初悟出一些物理量的算符表达,一直是我引以为得意的事,并且当时成绩也没有滑落,名次也一直保持在前列。**在高中,对**

于化学竞赛的兴趣,又使我投入到竞赛班的生活当中,父母没有惮于"竞赛班会耽误高中(高考)生涯"的传说,依然放宽我,依旧给了我自己处理学习关系的机会,并在身后不断鼓励我、支持我,最终使我以竞赛及自招的形式走进了北京大学(在此不能不深深感谢父母)。

2. 老师的严教

很感谢高中过程中班主任的严格,无论对学习过程中的每一个问题,还是对集体生活中的每一个细节,都要求一丝不苟。虽然很少坐班,但他的严格已形成笼罩全班的气场,无人不服。是他的态度影响了我们的学习态度,造就了我们班的辉煌成绩。而且,班主任主张学生自主学习,并把我们分成小组,在准备竞赛的过程中,遇到问题就相互讨论、共同解决,这极大地锻炼了我们分析解决问题的能力,并且用紧张的时间安排充实着日常生活,让我深感班集体这个大家庭的乐趣。其实在其中最重要的还是自己对自己的严格,无论老师还是学生,严格都是一种好事,高中学习如果能自知自觉,那么一切都好办。

3. 同学的榜样

之前在谈学习经验的时候说到过借鉴同学,这是成长的一种好方法。所以说,建议大家都与同学建立很好的关系,一旦出现互帮互助的氛围,无论是你,还是整个班级,都会呈现出一种迅速提高的趋势。同时,也能收获不错的友谊。我听一个朋友说他上的高中同学们竞争很激烈,而且有些还会相互敌视,遇到新方法不愿意相互分享,遇到问题也不会相互帮助解决,只为了争最后谁的成绩最好。像这种做法,是对双方都没有好处的,如果能彼此帮助,那么两人成绩都可以提高,何乐而不为呢?

高中总会有一个让你觉得艳亮的学霸吧,平时观察他的学习方法,慢慢带动你也能提高。平时一起的同学,一起努力,慢慢地也会把彼此当成榜样,相互激励前进。这确实是学习氛围的作用,蓬生麻中,不扶而直。

有很多同学可以当作榜样,不光在于学习方面,生活以及习惯方面也可以,就比如说如何日常运动、如何面对沮丧的心情。也许你觉得很多同学不如你,其实不然,"三人行,必有我师焉",或者说"择其善者而从之,其不善者而改之"吧。一切都源自于你的观察思悟能力,如果你善于学习,那么每一位同学都可以作为你的参考,甚至有的会成为你的目标和榜样,指引着你不断前进、努力。

4. 竞赛式的教育

有很多家长和社会人士是歧视竞赛的,我当时暗中是很恼火的。有人说竞赛只不过是一些人去名校的跳板,竞赛学生也常常很高傲,我对这种说法是深深反对的。首先,竞赛的学生必然是一群敢爱敢选人(否则不可能坚持到最后,或者到最后也一定不成功),不过只是走了一条不一样的道路,这条道路漫长而幽冷,不自信者敢走吗?其次,他们选择的是比高考难几倍的课程及花费更多时间的学习,竞争也很残酷。所以他们的努力不应该受到质疑。

可以说竞赛给的是一种先前式教育,有人说他们只不过是早学了大学的知识,高考的学生也早晚要学,为什么要对竞赛学生有偏爱?然而竞赛的学生也多半更会抱有对当前高中教育的怀疑,高中教育的意义是什么?我就是不甘于高中的知识程度而选择了竞赛。

自从初中时期对数理化感兴趣以来,到现在投入到理科的风暴中,我一直感觉竞赛的生活是很有乐趣的。尽管在别人都在玩或放假时俯首做题,尽管竞争气氛时常压抑,但都湮灭不了知识中的闪烁星光,以及集体生活的活跃氛围。在其中我锻炼了很好的自学能力,也一直保持着对数理科学的偏爱。感谢竞赛生涯!

让我总结一下竞赛教育的话:它并不是在竞赛班或培训中心受到的教育,而是用一种强大的东西打击自己,并且自己勇敢面对并克服困难的教育,它已在我心中化为一种内核精神。

p.s. 希望我的经历能分享给你,我的意见不能涵盖全部(同时杂糅有我的个人情感与情况),但也希望能对你产生些许帮助。

谈谈一些特质

其实呢,前三部分是完全的"大实话",罗列为主,没有文采还请不要笑话。下面部分,给出一些"词语"进行特质上的分享。

1. 心宿凤凰

孔夫子"十有五而志于学",初读时并没有什么惊异的感觉,但现在却有一种仰视感,一切都在于一个"志"字。仿佛看到了一个年少的仲尼,当风对月,觉悟出自己人生的命运,冥冥之中道路若隐若现。一旦怀拥自己,整个世界都会让你满足,孔夫子如是走出了他人生的第一步。

虽不及孔子,但凡人都会在一天发现一个心中的自己。其实"他"早已存在,只是你没有审视而已。这种感觉很难言说,用一些词来形容的话,不如说倔强、自我感、叛逆,于是用一个词总结的话不如就用"不忘初心"。心里有一个自己,可以是给自己定下的理想者、向往者,也可以是定给自己的一些感情基调,比如倔强、不服输以及乐观。心向往之,便欲成之。

我小时候就十分向往科学家,对牛顿、爱因斯坦的事迹津津乐道。然而世界也教会我认清现实,我在学习的路上走得越远,就越发现其实这世界复杂得多,就连科学也分为诸多种类,这个时代的科学家已经大不同于以前的了,并且在成长的道路上我也错失了许多机会,有一种离初心越来越远的感觉。然而,即便如此,我也从未打算放弃这一理想,我使它存活在我的内心,如同凤凰一般地栖息在那里。

自己表面可以不甘,但内心的自己一定要敢于蔑视一切。养成内心的高傲也是很有必要的,这便是所谓的凤凰吧。心中有所向往是很必要的,它决定了你要走的道路,无论是某位名人、某位你的长辈,还是某种职业。但前提是必须有你所想,然后开始有一个不一样的自己,那么所有人都会像孔子一样,从一个原点启程。

2. 勤奋

讲到高三生活,就不能缺少勤奋。无论高一高二成绩如何,高三都是你不能不开始加紧的一年。你会发现,所有人都会在高三一年十分努力,如果你没有这个意识,则必然"不进而退"。所有人都有惰性,所以勤奋也并不都是天生的,因此要严于自律。给自己做好每天的日常安排,要充分利用零碎时间,一般用来背古诗文、背英语单词。像去食堂前、午休中、晚睡前(看你几点睡的了),这些时间都可以做非常多的事情。

但要注意,还是要讲效率的。如果你的勤奋只是为了给自己心理安慰,那么只会让自己感到疲倦。要在自己精力势头不减的前提下,最大化地利用时间,才是有好处的。另一方面,精力势头也是逐渐锻炼出来的。

3. 执着

执着的热情。罗素有一句话使我受益终生,"我的一生被三种简单却又无比强烈的激情所控制:对爱的渴望,对知识的探索,对人类苦难的难以抑制的怜悯"。其中第二点,即是对知识的执着。当你遇到难题时,会轻易放弃吗?会不会不解决就感到自己冥顽不灵?对自己没有考好的科目要执着,对自己没有做出来的题目要执着,以及对自己的打算或决定也要执着。比如当我选择了竞赛这条路时,面对高二考上中科大创新班的机会,我也选择了放弃,原因很简单,许多想学的知识没有学完,也还需将竞赛进行完。然而执着就是对目标的坚定,是一种热情,无论什么,既然选择了,就勇敢地走下去。大家在高考上,就执着高考,再大的打击也永不言弃。

4. 乐观

考砸了,难受?那你就太不懂生活了!

尽管难受去吧,一会儿也就罢了,找找原因也就够了。一次失败的打击不可怕,几次也都不可怕,可怕的是你感到可怕。所以在这里我也完全没必要苦诉我哪一次考砸了,怎么痛苦挣扎了,又怎么痛下决心的。我觉得每个人都会闯过这一关,关键是一个人要时刻提醒并觉得自己是乐观的。如果觉得太压抑,就多做做课外活动,放松放松。

就如上文,勤奋、执着、乐观,还要心宿凤凰,这就是我对学习生活的建议。

寄语

祝愿大家都能在学途上收获快乐,达成自己的心愿,无论你的愿望是什么。

不到最后,决不放弃

姓　　名:蒋鸿达
毕业中学:湖南省长郡中学
录取院系:信息科学技术学院
获奖情况:2014年全国青少年信息学奥林匹克竞赛银牌
　　　　　2014年全国信息字奥林匹克精英赛金牌
　　　　　2013年全国青少年信息学奥林匹克联赛一等奖

那一路的披荆斩棘，注定是一生的美好回忆。

——题记

去年秋天从深圳参加全国赛回来，我坐在学校的澄池畔，静静地看着金色的小鱼在池中欢快地游泳。想到自己即将面对的挑战，我深深地吸了口气，竟莫名地笑了。在一年的时间内完成别人三年才能完成的任务，看起来是不可能的事，但经历了竞赛磨砺的我，那时却充满了斗志。生活就是这样，时刻充满了挑战，命运总是要将我们推向远方。逃避只会让自己在失败的旋涡里越陷越深，要想成功，就要勇敢地站起来，直面生活的挑战。

时间倒退到三年前

那时的我，一帆风顺地被保送到长郡中学。小升初的记忆已经有些模糊，但我依稀记得当时的我在学习上几乎没有压力，第1名的光环总是落在我的头上。而初中的学习同样没给我造成太大的困扰，几乎总是班上第1名的我毫无争议地被保送到了长郡中学。在高一开学前的暑假，我接到向老师（我高中的信息竞赛教练）的电话，参加了长郡中学的信息竞赛培训。

在那个暑假里，我第一次在引以为傲的学习上有了挫败感。400分的总分，别人能拿400分，我却只有0分，虽然没有人会嘲笑我，但我却感到深深的羞愧，为自己曾经的自以为是而脸红，为自己曾经浪费的青春而后悔。

很少有人能体会到拿十几个0分的感觉，从一开始因羞愧而发奋努力，到接下来的因进步甚微而失落，以至最后的麻木不仁、颓废放弃。说真的，当时我退组的念头十分强烈，我无数次思考我能在信息竞赛这条路上走多远,然而得到的却永远是一个问号。这是一个十分艰难的抉择,因为坚持竞赛就意味着停课,停课就意味着学科上被远远甩在后面。这是一场赌博,如果在竞赛上空手而归,面对一群能力并不比自己差的竞争对手,要想在一年内超过他们,谈何容易?

所以,我决定放弃了。我依稀记得,当我跟向老师提出我要退组时,我心里的那份失落、那份不甘。人生有的时候很残酷,理想经常要屈从于现实,面对未知的远方,我们很难提起勇气开辟一条新的道路,因为在新道路的终点,迎接你的,可能是无尽的深渊。寻梦的人那么多,真正成功的,又有几个?

向老师先让我坐了下来,撇开了退组这个话题,转而问我有没有订正考试题目,有没有做总结,讲课的内容有没有去落实。我给出了肯定的回答,"然而,做了这些,还是考不好,又有什么用?",我在心里默默念道。

"很好嘛!这些都能做到很不错了,按照这样坚持下去,拿省一等奖没有任何问题!"

很好?我愣了愣,决定退组的想法马上动摇了。这是一种很奇妙的感觉,当你被失败的阴霾所笼罩,找不到坚持下去的勇气时,别人一句简单的鼓励或肯定就能让你重新感到希望的存在。"或许,我真的可以成功,比赛才刚开始,鹿死谁手还不一定呢?"

即使你坚持的胜率只有1%,也比你放弃的0%要好。

我又坐回了机房里属于自己的位置,默默地积累、沉淀,期待着起飞的那一天。我将书本重新翻了一遍,从字里行间去找到自己的缺陷、漏洞,然后将它们一一填补。向老师要我们时刻记住著名的"短板原理",你永远不知道出题人将会考什么,要想百战不殆,就要无懈可击。

高一年级的联赛,我拿了280分,离一等奖只差20分,在别人看来,我或许会很遗憾,但其实我已经很满足了。虽然和我一起开始学习的同学有四人拿了一等奖,但还有很多人在我的后面,比起开始的持续得0分排名垫底,这样的成绩已经是对我努力的极大肯定了。

然而,我参加信息竞赛的初衷还是限制了我的前进。

向老师曾说过,要想取得联赛一等奖,就要对自己有省队选手的要求;要想进入省队,就要对自己有集训队员的要求;要想进入集训队,就要对自己有国家队员的要求。而我参加信息竞赛的目的,不过是取得一个联赛一等奖,然后凭借它去获得自主招生的资格,再通过自主招生考上理想的大学。因此,我的学习重心还是放在学科上。尽管竞赛方面我有了进入更深层次学习的能力,但我始终没有去尝试向更高的层次迈进,因为在我的心里,学科才是根本,信息竞赛不过是一个辅助的工具罢了,将有限的时间和精力过多地投入到竞赛中,不值。

转折发生在2013年的下半年

高二,我进入了竞赛班,这是由全年级经过层层筛选剩下的64名竞赛生组成的班级,而我的新班主任徐老师,为我的竞赛之路重新点亮了希望的路灯。

"你要相信自己,能在学科上取得年级前50名,证明你的能力是很强的,所以你完全可以放心地投入竞赛中,落下的课程高三一年补上来对于你来说绝对没有问题。"

"考试没考好是好事,这样才能发现存在的问题,而解决这些问题,你就取得了进步不是吗?对于那些每次都是数一数二的学生,我其实很担心,因为他们平时考得太好了,自身存在的问题没有暴露出来,很容易骄傲,一旦到了比赛的时候就会出问题。"

"最近感觉怎么样?临近比赛,有一点紧张是正常的,按照平时的要求去做就好了,不要去想结果,将过程做好,不留遗憾就行了。"

"昨天晚上没睡着吗?没关系,不用紧张,你们的学姐A当年在比赛前一晚没睡,但是在比赛中发挥很好,考了全省第1名,老师相信你一定行的。"

徐老师把我看作她的孩子,无私地关心、照顾着我。多年的教学经验让她能马上看出我的状态,发现我的心理问题。徐老师从来不会严厉地批评人,她总是心平气和地与我交流,像知心朋友一般为我排忧解难。正是在她的帮助下,我摆脱了纠结的困扰,开始全心全意投入到信息竞赛中。

随着对信息竞赛了解的加深,我渐渐发现信息竞赛对我而言不再只是一个为了考大学而存在的工具,它已经真正成了我生活中的重要组成部分。我开始享受竞赛的过程——享受每天从早到晚一直在思考的充实生活,享受每天都在进步的成就感,享受每天都向自己的梦想更进一步的喜悦。

2013年11月,我再一次站在了联赛的战场上,比起一年前的我,现在的我已经实现了完美蜕变,由一年前的忐忑不安到现在的信心满满,这是实力变化带来的改变。即使比赛的前一晚彻夜未眠,我依然在第一天的考试中拿了满分,最后以560分的总分(满分600分)拿下省一等奖。

联赛的成功让我信心大增,我开始向更高的层次迈出脚步。我将自己的目标定在进入集训队,尽管这对于在组内考试仍然排名垫底的我似乎遥不可及,但我相信,命运是公平的,只要我愿意努力,命运会给予我应有的回报的。

高二的寒假,我随组前往北京参加冬令营。屋外寒风刺骨,屋内却十分暖和,每天都会讲一上午和一下午的课,有时为了抢位子,我中午吃完饭就直接赶往会场,然后坐在位子上休息。讲课的内容很难,我经常是开头还听得懂,后面就跟不上节奏了,但即使这样,我还是坚持将老师们讲的内容记下来,留待以后钻研。在竞赛中这是很常见的情况,很多内容的理解都是需要一定铺垫的,暂时不能理解的东西可能过上一段时间就变得显而易见了。而笔记记下的往往是讲课人的经验,它们往往能教给我们书本上学不到的知识和方法,帮助我们少走很多弯路。

冬令营的考试结果不尽如人意,不过对于我,这也是意料之中的事情,我能进步,别人也不可能原地踏步,即使差距依然存在,但不到最后一刻,我都不会放弃。九年前的休斯敦丰田中心球馆,麦迪35秒13分帮助火箭队神奇逆转取胜,九年后的我,为什么不能在剩下的六个月实现咸鱼翻身?

接下来,我前往北京航空航天大学参加了2014年的精英赛。本以为又是一次酱油之旅,我在第一天只得了毫不起眼的40分,却在第二天的比赛中意外找到正确方法,得到了182分,最后成了非集训队员选手中的第6名。没有参加过竞赛的同学很难想象那种感觉,平时总是排名垫底的人,却突然取得了全国第6名,这种"一战成名"的感觉足以让一个人高兴到得意忘形。可是我没有,经常垫底的我深深知道在考砸时别人的得意忘形会对自己造成多大的伤害,所以此刻的我必须保持镇定,甚至要去安慰别人,而且这还不是最重要的比赛,过于高兴很容易产生骄傲的心态,严重影响自己的进步。只有坚持到最后,才能赢得胜利。

2014年5月,我迎来了全国赛前最关键的一场考试——省队选拔。没进省队,意味着两年竞赛生涯就此结束。那时,我在组内考试中依然常常垫底,大家并不看好我。毕竟,我的实力在表面上看是远不如其他人的。然而,命运却给了一直默默努力的我一个惊喜。

我进省队的过程颇具戏剧性,最初,省队选拔是安排在精英赛之前的,但由于种种原因,省队选拔延期举行。最初的省选的试题范围正好包含我的一个知识盲点,按照正常的情况,我毫无进省队的希望。但不到尘埃落定,谁也无法确定成败,在最终的选拔中,那些平时实力远胜我的选手纷纷发挥失常,而我却意外地超常发挥,在旁人不可思议的眼光中拿下了省队的名额。那天晚上,我没有因为进入省队而高兴,反而感到十分悲伤,看着曾经的队友因为没有进入省队而黯然退组,留给我一个落寞的背影,我的心里有种说不出的滋味。然而这就是竞赛的残酷,我无法留住他们的脚步,只能带着他们的梦想上路。我要做的,就是更加努力,不浪费这个来之不易的名额。

紧接着,由于要准备学业水平考试,我暂时结束了停课,而考试一结束,我又要马上前往北大参加夏令营,这一系列的安排让我还没做什么准备就开始了夏令营的考试。北大的考试形式和我们平时的不同,美国计算机协会竞赛的赛制让我在应对时颇不习惯,最终我发挥失常,没能得到降至一本线录取的优惠,而是签下了降60分录取的协议。这次失利,让我认识到充分准备的重要性。

7月底,全国赛终于到来,然而就在我出发的前一天,一场高烧毫无征兆地袭击了我。那天下午和晚上,我一直躺在医院里,汗水浸透了床单,而病魔却没能被赶走。在前往深圳的高铁上,我穿了外套却依然被车厢内的空调冻得瑟瑟发抖。妈妈放不下心,在出发的那天早上,临时买了票,与我一起前往深圳。

考试共两场,每场都分笔试和机试。第一场的笔试题难度不大,我轻松拿了满分。而在第一场的机试中,我的手是冰凉的,而额头却是滚烫的,当时的我,真的好困好困,只想倒下去睡觉。但我坚持了下来,我想到了自己过去两年的付出，想到了那些黯然退组的同学，想到了满怀期待的老师和父母，我狠狠地摇了摇头，努力让自己清醒一些。第一场结果不算好也不算坏，尽管我第三题拿了全场最高的77分，但第二题却没能想出正解，最后得到了241分，大概排在全国第15名，按照50个集训队名额来算，我进队还是很有希望的。

然而，第二场我失利了。生病已有五天，情况有所好转但偶尔还是会发烧，比起第一场，我的状态应当是要好一些的，但心态的懈怠，却最终导致了梦想的破灭。

第二题的复杂度计算失误，让我本以为已经到手的100分变成了60分，而第三题在拿下30分之后以为已经胜券在握的我放弃了进一步的思考，当时的我以为最高分估计也就是260分，我拿到230分已经足够了。但现实总是残酷的，那一场最高分有300分，大多数人都拿到了230分甚至260分，而我只有190分，第一场考试获得的微薄优势荡然无存，我最终排到了全国第45名，却因为集训队名额减少的原因，与集训队失之交臂。

两年的坚持，却因最后的懈怠栽倒在梦想跟前，我的心情难以用这支拙劣的笔写下来。似乎是一声无尽的叹息，从命运的转轮中传来，重重叩击在我的心上，将这教训深深铭刻在我的心里：

不到最后，决不放弃。

全国赛结束后只三天

我又坐回了教室，看着桌上立成一排的教科书，我竟有种莫名的亲切感。信息竞赛旅程的结束，也意味着高考竞争的开始，虽然少上了一年课，但我却收获了比知识更重要的东西，那就是不到最后一刻不放弃的韧劲。"竞赛中那么多的打击我都挺了过来，怎么能在高考这里放弃?"那时的我,坚信自己能够到达梦想的彼岸。

但逐梦的路从不是坦途,宝剑锋从磨砺出,梅花香自苦寒来,勤奋是圆梦的不二法门。

从此,我成了早上6点半起,晚上12点睡的高三学子中的一员。为了能够多记一个单词,多做一道习题,多看一遍课本,我将自己变成了一个彻彻底底的学霸。课间的十分钟我再没有像以前那样和别人聊天,中午回家、晚上吃饭我都是小跑前进。放弃娱乐,放弃假期,即使在除夕那一天,我仍与同学一起,在外面租的教室里自习。鲁迅先生曾说:"哪里有天才?我是把别人喝咖啡的工夫都用在工作上的。"停课一年落下的课程,就要靠这点滴的时间补回来。

我的爸爸妈妈对于我的学习给予了最大的支持。为了保证我的营养,他们坚持要我吃家里的饭菜,妈妈每天早上6点就要起来,给我做饭,然后送我去学校。中午12点她又搭车赶到学校附近租的房子为我做饭,下午2点就要赶回单位。傍晚他们一下班就先赶着给我做饭,然后开车争取在我晚自习前送到学校给我吃。晚上11点之后,他们还要在校门口接我回家。他们每天开车到学校就要三个来回,但十个月来他们天天如此,毫无怨言。说实话,尽管我知道在获得降分录取机会之后我考上北京大学并不难,但我依然不肯放松的很大一部分原因就是为了考个高分给父母争光。

时间在不知不觉中一天天流走,我的成绩从最开始的忽上忽下到最后几次模考基本稳定在年级的前50名,我默默地感受着这一系列的变化,却没有太过欣喜。虽然这样的成绩对于停课一年的我来说已经很不错了,但我并不满意,在进入高三时我给自己定的目标是裸分考上北大。但停课一年落下的东西毕竟太多,让我这个目标失去了实现的可能。不过,如果要我在参加一年竞赛和裸分考上北大之间选择的话,我会毫不犹豫地选择前者,一年的竞赛带给我的收获远比状元之类的荣誉重要,那是面对挑战永不退缩的勇气,经受挫折愈战愈勇的韧劲,还有在成败面前宠辱不惊的气度,这些都是我受用一生的宝贵财富。

2015年6月7日,高考如期而至。考前的一晚,我没有像一些同学一样选择放松,而是像往常一样坐在书桌前复习。我总是坚信,成败的关键就在细节上,只要比赛还未结束,就不应该放弃,更不应该放松。由于准备充分,在考试之前,我的心里异常的平静,当十二年的学习终于迎来了它的终点时,一切都仿佛是水到渠成。语文、数学、理综、英语,当最后一堂考试结束,我长舒了一口气,面带微笑地走出了考场。

686分,全省第50名,离北大统招录取线差3分。目标终究没有实现,但也没有什么好遗憾的。"尽吾志也而不能至者,可以无悔矣",既然已经尽力,那结果就是最好的结果,与其为了不能改变的现实自怨自艾,不如将目光投向新的远方——那里一片新的天地正等着我去探索、去拼搏。

回首高中时的自己

多年以后,当我在人生的旅途上再碰到坎坷时,我一定又会想起那个高中时的自己,那个即使被现实一次次打倒却咬着牙不肯放弃的自己,那个被逐渐磨去傲气却多了几分韧劲的自己,那个为了梦想而付出,再苦也不停止脚步的自己。那个自己将永远住在我的心里,在现实的寒风刮得我瑟瑟发抖时,将勇气的暖流注入我的全身,让我即使在黑夜里,也能看见希望的灯火。

不到最后,绝不放弃。这是高中三年教会我的八字箴言,也是我受用一生的精神财富。

聊聊我的高中三年

姓　　名：管昕羿
毕业中学：华东师范大学第二附属中学
录取院系：工学院
获奖情况：第30届全国中学生物理竞赛复赛三等奖

我能够进入北京大学，有人说是因为我聪明又非常走运，也有人说是因为我非常努力。然而其实两者都是讲到了一半，我自己曾经努力了，这个是确实存在，我也没有任何必要掩饰自己付出的努力来显示自己多么聪明或者多么走运。在我的成长道路上，运气和努力其实是不断地交织在一起，交替或是同时出现。

我的三次机遇

第一次机遇

首先就是我走运地通过推优进入了华东师大二附中，其实当时我的实力并不是很强，因为二附中在嘉定区有推优指标，而我在嘉定区算是相对优秀的。我在初中就曾梦想在大同杯物理竞赛中拿到上海市的二等奖，可是实际上我什么奖也没有拿到，三等奖也没有。二附中之所以吸引我，是因为这所学校的物理竞赛是非常强大的，所以我进入二附中之后，我就报考了基科班，就是学校的学习竞赛的班级，我当时非常想搞物理竞赛，然而由于成绩远远差于考入基科班的要求，没能如我所愿，我进入了普通班。

所以我进入高一的时候并不是一个优秀的学生，确切地说，是一个基础比较差的学生，不但竞赛的水平不好，平时成绩也是挺差的，原因就在于我偏科，英语成绩在我的班级里是没有争议的倒数前5名，稳稳地保持着。所以说我这样一个学生能进入到二附中这样一所上海市顶尖的学校，确实是我比较走运。

走运之后，努力便随之到来。由于没能进入基科班，我总是感觉自己比基科班同学会少学很多东西、会少很多机会，我千方百计地希望能去旁听我们学校物理竞赛的课。后来也算是旁听了一段时间，我不断去问基科班同学借竞赛的卷子、上课的资料，自己也去买相应的书，自己研究、自己学习。在这个阶段，我是两边上课，我自己班级里的任务我都会完成，上的课我也会认真听，基科班同学的物理竞赛作业、试卷，以及那里老师的要求我也是认真地完成。这段时间我每天都非常非常忙，感觉一整天没有一秒钟是闲着的，因为确实有非常多的事情、非常多的知识需要我去做去学，况且我又是这样一个底子薄的同学。我每天都是看好时间，比下课晚十五分钟去吃饭，为了避免排队，虽然这样就意味着吃到的饭都是别人点剩下的，但是这样可以节省出二十分钟排队的时间。我们学校是6点半的起床铃，但是我每天都是6点就自己起床，然后早饭不在食堂吃，都是买好了之后拿到教室，一边背英语一边吃我的早饭。在课间时间，同学们在聊天说笑的时候，我就是要么做作业、要么预习、要么背书、要么学物理竞赛，绝不可能会有无所事事的时间存在。在我走路的时候，口袋里都是放好的资料或者是我遇到的数学物理问题，或者是英语单词的小纸条，随时随地看，无时无刻不在思考题目、背单词。

我争分夺秒地努力学习，但是理科这种东西有时候是需要别人指导的，有些问题是我一个人解决不了的。但是我是一个普通班的学生，我的同班同学都不学竞赛，为了解决这个问题，我总是一有机会就去问基科班的同学，他们大都是很热心的，帮我解决了不少问题。

第二次机遇

在我高一上学期快结束的时候，如果我记得没错也就是第二次月考之后，我又一次走运。我遇到了赵老师，他原是14届的基科班物理竞赛老师，不是我这一届的，但是说来也巧，也不知道是为什么，这个时候高一高二的竞赛老师调换了一下，他开始来给我们这一届的物理竞赛上课。我之后就盯着赵老师问问题，虽然他不是带我的老师，但是他对我非常有耐心，帮我解答了很多的问题，在这期间，他对我说了一句话"你要看书",这句话完全改变了我之后的道路。就是这非常普通的四个字,造就了我。在这之前,我一直问他的是物理竞赛的题目该怎么做,拿到他那里去问的书也都是竞赛教程、奥赛题典之类的书。但其实我连最基本的物理的概念、定义、定理都没有明白,所以他告诉我要先看书、看普通物理,还当场就借我了他的一本《力学》。我拿到之后爱不释手,很多很多我不懂的问题,想问他的问题在上面都有解答,而且比老师上课都讲得详细。后来我就是每时每刻都捧着这本书,一直看。我当天让妈妈在网上帮我订了这本书,但是送来需要一个礼拜的时间,书到的那一天,我已经看掉了一百三十多页了。我当时忍不住在书上圈圈画画、做笔记,都忘了这本书是老师的了。去还的时候似乎才醒悟这本书不是我的,最后我把新的那一本还给了老师。从这本《力学》之后,我进入了"发疯"的阶段,就连睡觉的时候满脑子想的都是这本书上的内容,不断地进行着演算。

我说这是一个关键的转折点,也是又一次走运。从这个时候开始,我不再是学"物理竞赛"了,而是学"物理"了;我的关注点不再是"这道题怎么做"了,而是"这个现象的本质是什么"了;我的目标不再是"拿一等奖"了,而是"学习更多前人的智慧"了。当我的思维体系都发生了变化之后,我的境界顿时提升了,看问题的高度顿时就上升了。

在这次机遇之后,又是努力。天天都对这本《力学》爱不释手,期末考试了,为了考出好成绩,大家都在认真复习,而我还是在看我的《力学》,甚至平时上课的时候,一有机会我就偷偷拿出来看两眼。这本书我用了一个月左右的时间全都看完了。放寒假了,我又买了一本《热学》,在一个寒假的期间基本看完了。在看这两本书的时候,我每次看到有不懂的地方就记下来,每节课下课我都会马上跑出去到年级组找赵老师问,有时候他下课刚想休息一下,结果我又来了,但他仍然会耐心解答我的问题。

第三次机遇

由于我总是每节课下课都去年级组,组内有一些其他老师对我有意见,说我影响他们休息,希望我以后别来。他们还和我的班主任刘老师说让我不要来,刘老师找到我,不但没有阻止我去年级组问问题,还鼓励我继续去问,说希望我不要放过学习的机会。这,在我看来,又是一次机遇。

高一下学期,我们学校开设了北大先修课。物理学的是电磁学,正好在我力学、热学学完之后,想要学习电磁学的时候,学校开设了这门课。我对待电磁学的态度非常认真,因为这个是我自己要学的。

高二一开学,就是好几场考试,每个双休日都有考试,物理竞赛的初赛、复赛、实验考,还有先修课电磁学的考试。在先修课考试和物理竞赛中我都取得了不错的成绩,其实这个成绩让我自己都非常惊讶,也是由于这个成绩我有了和北大签约的机会。而我能在这两次考试中取得好的成绩,并不是我真的有这么高的水平,运气成分也是不得不考虑的。

所以,我的成长其实是夹杂在努力和运气之间的。

但是,这也是一句空话,是一句听起来很有道理,但是实际上又没什么意义的一句话。那接下来我说说实在话吧。实际上我一直都是遵循着我的兴趣在走。我初中开始学习物理竞赛是功利的,然而功利并没有给我好的结果,最后我的初中竞赛并没取得成功。在那一本《力学》之后,我的学习不再是以功利为根本目的,而是以学习知识为根本目的,所以我是喜欢物理才会无时无刻不在学物理的,考试的时候,也没有想着要取得什么样的成绩,所以在考场上其实我并不紧张。因为本来就是抱着来试试的心态进入考场的,能考得好最好,但是如果考不好也正常,因为我本来底子就不如别人。而我的进步恰恰是我摆脱功利之后才取得的。当我满脑子想着如何去得分的时候,其实我的关注点已经不在我所学习的东西上了,这样往往会使得我分心,然后就是我学习的东西没有弄好,最后就是我希望得到的结果也没有得到。然而一旦我忘记心中的杂念,把我的注意力放在我所学习的东西上,我就会学到实实在在的知识,而也许在这个时候好的成绩也会随之到来。

是"物理"而不是"竞赛"

我进入高中的时候,其实不是没有规划的,当时我最终的目标是高考。我父母在我学物理竞赛的时候,他们是反对的,他们很怕我竞赛没有学好,成绩又一塌糊涂,最后可能连大学都考不到。我后来也是同意我父母的观点,所以我平时的课程都会有所保障,这其实也是给我自己留下一条后路。**后来因为我对物理确实有兴趣,不是抱着一定要超过谁的想法去学的,而是把学物理当作休闲、享受,因此我也不觉得累,所以我选择继续学习物理竞赛,而在这种享受之中又能有所收获,何乐而不为呢。**我爷爷经常为我自豪,有时候会说:"你就是把物理当作业余的爱好来做,都能做得这么好,要是专门做物理还不是要当上物理学家了呢。"而其实,恰恰和这句话相反。如果说我专门去搞物理,可能真的完全做不好。这不是我凭感觉信口开河,我是有依据的,而且这个依据就是我自己的亲身经历。刚才只说了我高一的经历,下面我要说我高二高三的经历,而这后面两年的经历便是我所说的依据。

由于高二之初的竞赛我表现得很好,从此之后,同学看我的眼光和老师看我的眼光就变了。同学对我刮目相看,老师对我充满希望。大家都相信我能在高三的那一次竞赛中取得更好的成绩,甚至能直接获得保送资格。高二的日子就没有高一那么好过了,这些同学的刮目相看和老师的期望,成了我的压力,不仅仅是这样,我自己也似乎觉得我就是一个竞赛生了,感觉竞赛才是我的特长,甚至在潜意识里觉得我可以依靠竞赛了。我已经不能自由自在地学习了,本来我都是用"学到哪里就到哪里"的方式看书的,但是现在却无法接受这样的做法,"学习计划"就由之而产生,学物理就不是我"想做的事",而是我"应该要做的事"了。曾经是我要去申请旁听、问好时间、和老师说好,可现在是老师通知我去上课了。本来是我争分夺秒要去寻找的题目,现在都是我应该完成的任务了。其实,一句话就是说,我已经从主动学习,变成了被动学习。

　　高二这一整年都没有高一自在,做的题目不少,远远比高一要多。但是最后我高三的考试并没有比高二的那一次考试好,而且比高二的那一次要差得多。我心里是明白的,其实我的物理水平已经没有高一好了,我对一些概念的认识,已经是模糊的了,这些概念在我高一刚看到时都是很清楚明白的,但是高二一年都没有心情去再看一遍那些物理书了。一方面是觉得我早都看过了,不喜欢重复劳动;另一方面是没兴趣了,这个时候关注点又是"竞赛",而不是"物理"了,我有兴趣的东西则一直是"物理"而不是"竞赛"。

喜欢做的事情和高三的回忆

　　回想起这一段的时候,让我想起一句话"有心栽花花不开,无心插柳柳成荫",但是这是表象,其实质是我在"有心栽花"的时候,其实满脑子都是想着"花什么时候开",并没有关注我为这朵花浇了多少水,施了多少肥。但是我在"无心插柳"的时候,脑子里并没有思考"柳树什么时候可以长大",而我真真切切地在浇灌、在不断地劳作,为柳树的成长付出了不少汗水。我从来都没有计较这些汗水,甚至在我付出这些汗水的时候,我根本没有感觉到我是在不断地付出,已经达到忘了劳苦的境界。而之所以我能在"插柳"的时候忘我地付出,是因为我并不贪求这里的柳树能长大成荫,是因为喜欢才去做的。

  第一是要找到自己喜欢做的事情,然后就是不要满脑子想着做这件事情的结果,只管付出就可以了,多想想今天自己该如何辛勤地耕耘,少想些明天自己会有多少回报。

  对于这句话,我自己也会质疑,质疑的点就在于什么是"喜欢做的事情"。

  在探讨这个问题之前,我先回忆一下我高三的一年是如何过的。之前我说过,我的高中规划是高考,那么高三理应是最轻松的一年,因为在这一年中,没有竞赛和会考来干扰我,只有三门主课和一门相关的选课。我满怀希望地步入高三,然而我万万没有想到,高三竟然成为我最难熬的一年。

  虽然说一共只有四门课,但是时间一点都不少花,更何况这个时间不是我自己掌控的,都是由老师来安排的。一整天从早到晚都是来来回回地上这四门课,每天的下午都会有一场考试,晚上又接着上课。但是讲的内容又都是炒冷饭的内容,都是高一就应该掌握的内容,到高三了,还在不断地讲。不仅是这样,除了被安排得满满的课表,每天还有很多的作业要做,其实这么多的卷子、练习册,是根本做不完的,里面的内容也一点意思没有,一样的题目出现好几次都是很正常的情况。高一曾经做过的卷子,今天再拿来做一遍的情况也会有。总之一句话就是,大量、无节制地做早都已经学会并且掌握的题目。但是不做又不行,不做就会不熟练,不熟练做题的速度就会慢,然后就会出现考试做不完的情况,最后空着一堆会做但是来不及做的题目,严重影响得分情况。我就是这样连滚带爬地度过了高三的时光,这一段曾经非常憧憬和向往的时光。

我在高一高二的时候,曾经最喜欢的课就是数学、英语、物理这三门课。而这三门课又是我高考四门课里的三门,我喜欢的课已经占了四分之三。但是在高三一年,我却没有喜欢过任何一门课,没有喜欢听过任何一节课,没有喜欢做过任何一门课的作业。由此可见,我喜欢做的事情,也会由于不断重复和外界压力,变成不喜欢的。所以,什么是"喜欢做的事情"?其实我能做好的,能给我成就感的,就是我喜欢做的事情。我为什么不喜欢语文?开始我也找不到原因,后来才慢慢明白,可能是因为语文无法给我成就感,每次学语文都让我感觉很疲惫,不少男生也都这样认为。数学物理我喜欢,因为每次学会一个新的定理,我都会获得成就感,学会解答一类新的问题,我也会有成就感。英语也是一样的,每次我背出新的单词,看懂了更难的、曾经看不懂的文章,也会有成就感。

另外,在高三的时间里,不断地向上学习是不被支持的,我就算是把专八词汇都背出来,我就算是把理论物理都学了,在高考分数上也体现不出来,成绩可能不但没有提高,反而会下降,还不如一遍一遍地反复操练对成绩的提高来的有效。

所以,喜欢的东西其实就在身边,并不是一个人天生就会喜欢一些东西,能给我成就感的事情,就会让我喜欢,保持住这份成就感就是保持住我喜欢的事情。

说了那么多,我总结一下我想说的话:第一就是任何的进步前提都是执着和努力;第二就是看淡结果,注重过程;第三就是明白如何找到自己喜欢做的事情,并保持住这份喜欢的感觉。

热爱成就梦想

姓　　名：曹　硕
毕业中学：山东省郓城第一中学
录取院系：化学与分子工程学院
获奖情况：第28届中国化学奥林匹克竞赛决赛金牌

我叫曹硕，毕业于山东省郓城一中。学校虽然是老牌的省重点中学、省级规范化学校，但是和许多县城中学一样，教育的资源和有关的信息仍非常欠缺。我参加了2014年的第28届中国化学奥林匹克竞赛，并取得金牌，但没有进入国家集训队，这是我化竞之路最大的一个遗憾了。在长春的比赛现场，与心仪已久的北大签了降至一本线录取的协议，然后回来参加高考。在高考中，发挥还算正常，分数并不是太高（655分，满分750分），顺利地收到了北大的录取通知书，将要到化学与分子工程学院继续自己的化学之梦。

能够进入北大，在高耸巍峨的博雅塔下，在春光和暖的未名湖边求学问道，一直是莘莘学子心中最美好的愿望。北大的每一个学子都不是轻轻松松进来的，都付出了许多别人看不到的努力。而且，在前行的路上，我也同样看到了很多付出了努力，但最终却并未如愿黯然离开的人。回首我走过的道路，同样是有鲜花掌声，也有失利坎坷，最终能得到这个结果，虽有遗憾，但也算是比较幸运的吧。

我的竞赛之路

我是通过化学竞赛进入的化学与分子工程学院的，化学对于我来说，既是我的个人爱好，又是我将来的专业，我觉得这一点是值得庆幸的。

在初中的时候

我与化学结缘是在初二，那个时候作业比较多，经常就是抄单词、抄课文，做很多很多的题。我当时也是一个比较有个性的人吧，不喜欢这种重复无聊的作业，也没有努力去做。但是凭着自己比较高效的学习方法，成绩也算说得过去。我的父母都是郓城一中的老师，他们的态度还是比较宽容的，并没有因为我不做作业而感到生气，他们只是觉得，我整天不学习，荒废了自己的时间，也浪费了自己的才华，实在是一种不好的行为。所以，无奈之下，只好让我去学一些课外的东西。小学的时候我对计算机比较感兴趣，然而上初中之后，计算机变成了我的游戏机，所以对计算机学科的学习，我并没有深入进行下去，就只停留在游戏的层面上了。有时候我也会想，如果有一个契机，让我在计算机方面深入下去的话，我会不会有一个截然不同的结果呢？

父母并没有强制我去学习什么，他们只是帮我借来了初三的各科课本，让我仔细"品读"，寻找自己的爱好。当时对科学还是蛮有兴趣的，在看到初三化学课本的时候，我觉得微观世界是那么有趣。看着课本里面一些简单的化学实验，我经常脑补出来那些画面，并且觉得非常美好。那时我还上网查过"点燃氢气罐子""火山爆发（重铬酸钾分解）""法老之蛇（硫氰酸汞分解）"等这一类有趣的实验，便被这些美丽的化学现象迷住了，就一口气读了下去。大约几个星期就把初中化学看完了，觉得很不过瘾，课本上有好多问题讲得不明不白，就让父母弄来高中的化学课本。高中的化学课本内容就多了些，直到初二下学期开学我仍然在看。于是，就由寒假的不愿意做作业，变成了开学后每天晚上都不愿意做作业——每天晚上回到家，最重要的事情就是看化学课本，写作业什么的留到第二天早晨去上学之前。大概就是这样的进度吧，到初二暑假的时候，我已经完成了所有高中化学课程的学习，后来又跟着一位老师把高中化学知识复习了一遍。

大概是因为高中化学的知识仍然太窄太浅，高中化学题，甚至高考题已经不能满足我的口味和需求了。初三刚开学的时候，父母就给我买了《无机化学》上下册，让我接着"品读"。我刚拿到两本书的时候，心里还真有点失望，因为和高中的化学课本相比，它们少了色彩斑斓的图片，课本里的内容全部都是黑白的。然而这也没有挫败我学习化学的热情，即使面临马上到来的中考，我也是每天晚上抽出一定的时间来学化学，作业在当天下午或者第二天早上完成。学习化学，并没有耽误我太多的时间，我在班里依然是名列前茅。还记得初三上学期的期中考试，化学题出得特别难，有几道题几乎没有讲过，却被我一一识破。因为这事儿，我被各个化学老师拿去当正面教材在班里宣讲。然而对于这件事情，我内心是平静的，没有在意，仍然走着自己的路。因为我知道，化学知识的海洋太宏大、太深奥了，我学到的东西，还太少太少，这也许就是人们经常所讲的，知道得越多，越觉得自己无知吧。

在高中的时候

上高中之前，我学化学都只是凭着自己的兴趣和热爱，并没有什么具体的目标，直到高一上学，我才听说化学竞赛这么回事儿，并知道了可以通过竞赛进入著名高校深造的事情。然而我高中入学的那一年，恰好是保送门槛提高之前的最后一年。通过父母我也了解到，我们学校历史上通过竞赛保送的人数寥寥无几，竞赛最好成绩是省级一等奖。能进入省队，参加冬令营的还是空白。由此我感到了通过竞赛保送的艰难，但是我并没放弃，以前是没有，凭什么我不能是第一个？我要通过竞赛保送这条途径进入大学的决心更坚定了，而且我要进入全国化学学科最好的北大化院，这成为我第一个明确而具体的梦想。于是我又接着初三的进度，继续学习大学的化学知识。高一的时候因为作业比较少，并且以前我也预习过高中别的科目，做作业也比较轻松，所以我还是有空可以学习化学的。顺便说一句，我们高中是竞赛弱校，对竞赛并不重视，所以班主任也搞不明白我学竞赛到底是在干什么。然而，由于我的平时成绩比较好，一直在班里处于前3名，所以班主任对我学竞赛这件事情也没有阻止。

在高一的下学期，一个偶然的机会，我得到了参加化学竞赛初赛的机会。为了这次竞赛，我准备了整整一个暑假。高二刚一开学，我便参加了初赛。赛前我信心很足，自我感觉良好，结果赛后一对答案，才发现自己错了很多很多，拿一等奖的愿望也随之破灭，仅仅得到了二等奖。也许我本来就是有一股争强好胜的心理吧，从这之后，我一直感觉心里很不服气，于是便下定决心花费更多的时间在化学上，要拿到更好的成绩。

在高二这一年里，我对化学的热爱有增无减，投入在化学学习上的时间也更多了。到了高二，因为白天的课程比较多，作业也比较多，所以我就把学习化学的时间放在了晚上放学之后，做了一个"夜猫子"。随着学习的深入，知识的增多，我对化学的理解更深入了，对化学的兴趣也更浓厚了，有时看到一个有趣的分子或者反应，抑或是一个巧妙的合成路线，心里总是泛起一种惊喜之感。这与以前只是感到彩色图片的美丽、化学反应的有趣相比，也算是有了进步吧。

高二的下学期，第二次化学竞赛也就是第28届化学奥林匹克竞赛开始了。对我而言，这次竞赛很重要，但我并不是很紧张，因为我知道我这一年的努力是有效果的，所以这一次不是盲目地有信心。充分的准备与足够的自信，再加上发挥得还可以，最后不出所料，以84分、全省第4名的成绩得到了一等奖，通过了省队选拔，进入了决赛。在长春的冬令营决赛中，尽管有起伏，但还是正常发挥了自己的水平，并且拿到金牌，获得了化学与分子工程学院降至一本线录取的优惠，也算是给自己的化学竞赛之路画上了一个句号。

几点感悟

回首自己的竞赛之路，有以下几点感悟吧。

一是通过竞赛，提高了自己的自学能力

从开始接触大学化学以来，学习竞赛一直是孤军奋战，没有老师，没有同学，没有人可以讨论问题，没有人可以解答疑难。怎么办？自己学！书，一遍看不懂就再看一遍；题，一次做不对就再做一次。

二是通过竞赛，提高了自己的学习效率

在学习化学的同时，还要兼顾高中课程不能被落下得太多，而时间就那么多，这就需要自己合理高效地利用好时间来学习。我自己的学习原则主要就是这么一句话：该学的时候拼命学，全心全意地投入进去，不要去想任何无关的事情；该玩儿的时候疯疯癫癫地玩儿，不要想什么作业、上课之类的。这种习惯，一直陪在我身边很久很久。我认为，只有这样，才能既学得高效，又玩得快乐。

三是有兴趣才能够坚持下去

学习竞赛不是一个轻松的过程，困难和挫折会很多，我经历了高二第一次初赛的失利，也经历了北大小冬令营的失利，但无论怎样的困难和打击，我都没有过放弃的想法，因为自己对化学有兴趣，化学是自己的真爱。

我知道，无论是竞赛还是高考，我所取得的还只是一个很小的成绩，只是向前迈出了一小步，进入北大学习，只是一个新的起点，未来还会有更多的精彩和挑战等着我。

压力是磨炼青春的砺石

姓　　名：李子辉
毕业中学：湖南省长郡中学
录取院系：数学科学学院
获奖情况：2014年全国高中数学联合竞赛省级一等奖
　　　　　湖南省三好学生

回想一路走来的经历

我还清楚地记得第一天走进高中教室时的情形。

我坐在第一组第二个座位,这是在入学考试中按照成绩排下来的位置。第一个遇见的同学很热情,也许是见我在空旷的教室中迷茫地走着,他突然站到我跟前,说了句"既来之,则安之"。在和他的交谈中,我们彼此了解了对方的些许生活,而他丰富的生活经历震惊了我,举止言行中,显露出他的优秀。他会恰到好处地在对话中用到很多的成语俗语,也会自觉地弯腰捡起地上无人搭理的垃圾纸屑——而这些,都是我曾经想过的一个真正优秀的学生应该做到的,也是我很少甚至不曾做到的。

我和他成了好朋友,就在这短短的半个小时之内。渐渐地,来教室的同学越来越多了,大家都在热情地交流着,极力地交着朋友,因为每个人都很优秀,也都渴望去接近更多优秀的同学,近朱者赤。但在这热闹的气氛中,我却发现了两个与众不同的人。他们都坐在我的身后:其中一个男生戴着眼镜,正抱着一本新概念三的英语课本默读着其中的一篇课文;另一个男生留着寸头,正拿着托福的词汇书在背记单词。虽然在我们旁边有一个十三岁的小男孩滔滔不绝地说着视力表是用线性回归统计后制定的,这些华丽的术语在当时听着十分厉害,但他们两个却能在这样的"闹市"中镇定自若专注地读书学习,在我看来那更厉害了。

这个时候,我的内心突然产生了一种在暑假都不曾有过的,对于高中生活的莫名恐惧。我曾经想过高中生活会有多么辛苦,也曾在暑假里为即将到来的学习做过预习和准备,但在开学第一天这短短的几十分钟内,我所看到的和听到的关于同学们的信息,就足以打破了我所筑起的薄薄的心理防线——他们身上闪耀着的光,真的是太刺眼了,我竟感受到了前所未有的压力。

我知道,高中生活必定是充满挑战和压力的,这在第一天就会有所体会。这些经历或者这种感受是不可避免的,但随着高中生活的继续进行,我也慢慢发现这一切并没有那么可怕。

现在回过头来想一想,我当时一路是怎么走来的呢?

从初中到高中

高一刚刚接触这个全新的集体的时候,遇到一大群优秀的同学,还有一大堆的教材和作业,我顿时觉得束手无策。九门功课的学习任务相比于初中已经翻了个番,又加上很多同学在暑假就已经提前学习过了,要跟上他们的步伐,的确需要自己更加努力。好在同学们都十分热情,才几天的工夫,彼此相处就非常融洽了,自然学习上的相互交流与互帮互助也就多了起来。跟着老师的节奏走,活跃的课堂氛围以及恰到好处的作业任务,每天充实的生活让自己变得不再空虚,没有了假期的无所事事与百无聊赖,转而全身心地投入到自己的"事业"中去,渐渐就成了一种享受。其实这样的感觉,最能够冲淡内心本来的惶恐。学会去享受学习的过程,乐在其中,也就无暇顾及内心的压力了。

那个时候的周末生活十分丰富,虽然只在周日有半天的休息,但这一个下午的时间是最最接近我心中理想的高中课外生活的模样的。我们寝室六个男生关系很好,周日下午我们可能一起去逛街,看看我们共同感兴趣的东西;可能一起去看场最新上映的大片,一起吃爆米花,再一起点评点评;可能一起去逛逛商场,看看最新款的篮球鞋;还可能一起去超市转一转,买些零食,甚至是买个榨汁机回寝室榨果汁喝,又或者是买套茶具来一次温馨的下午茶……在这个下午,我们都不会去想学习的事情,高一的课程也不算太紧张,同学之间的感情就从这个时候慢慢建立起来了。和他们轻松地聊天,做一些自己喜欢的事情,去接触一些新鲜的事物,在这还在熟悉高中生活的阶段,算得上是一种至好的缓解压力的方法了。

数学竞赛

高一的时候我就报名参加了数学竞赛的学习,经过层层选拔,我最终进入了学校的数学组,从高二开始,真正的竞赛集训也就开始了。虽说对数学有着强烈的热爱,但要说数学的天赋或者解题能力,我却远远不及组内的其他同学。为了冲刺数学的联赛,高二的整个学年我们甚至放下了高中的课程,极力专注于竞赛的学习中去。那段日子的压力也许是整个高中时期最大的。没有周末的休息,没有假期的调整,为了能够不断地提高自己,每天都要花大量的时间去看书、去做题。尤其是组内的排名,一次次的考试成绩累积下来,看着自己不上不下的成绩,心中又多了一份焦虑。所以竞赛的学习,不仅仅只是知识上的挑战,更是一次对于个人精神与耐性的锻炼。记得有一次某高校要来招生,组内可以选择同学去参加,靠的就是排名的顺序。很可惜的是,中游的成绩刚刚好让我卡在了参与名单之外。我知道我失去了一次重要的机会,我不甘心错过,当时的心情可以用得上万念俱灰来形容了,幼稚的我甚至觉得错过了这一次,以后的学习便也不重要了……放学后自然一个人心灰意冷地呆坐在培训教室里,也就在这个时候,班主任和教练一起来找了我。他们很清楚地知道我现在内心的想法,都安慰我说,这次不去未来还会有很多的机会,人生不会总是一帆风顺,面对打击更应当有重燃信心的勇气,好好努力,下次一定能行。虽然这些都是我早已明白的道理,但是从他们的口中说出来,却能给人一种振奋向上的力量。老师总是可以揣摩出学生的心思,也总是可以直接安抚到学生的内心。我也开始和他们说了我的想法,告诉他们自己学习的状态和遇到的问题。一番交流之后,似乎心结就已经解开了。我重新坚定了冲刺的目标,也自信地告诉老师,我梦想的大学是北京大学,并且我一定能达到!

果真,有目标,付诸实际,就可以到达。也从那时开始,我把老师当作了真心倾诉的对象。和老师的交流总能够切中肯綮,老师丰富的教学经验也使得他们能够从多个角度全面地分析,来找出最佳的解决的办法。多和老师聊一聊,无论是学习还是生活的压力,都敞开心扉地说出来。老师是园丁,他们真的会全心全意地呵护与照顾我们,帮助我们消除顾虑和压力。而把心中憋着的话倾诉出来,压力也会随之消散。

竞赛结束回到高考的学习中

年级的课程已经甩开了我们一大截,冲刺补上落下的知识成了这个阶段我们最大的挑战。一边是老师上课不断更新的内容,一边是课后自己挤出时间来自学错过的内容,学习的负担无疑是再增加了一倍。虽然可能我们有着自主招生的优惠政策,但是要跟上大部队前进的步伐,确确实实给我们带来了很大的压力。

高三的这种压力是不可避免的,每个人都铆足了劲奋起直追,激烈的竞争逼着自己花更多的时间更多的精力来学习,来不断超越自己。整个教室都似乎少了些许的生气,毕竟,大家都不愿意浪费青春,也不想以后去后悔。而在这个特殊的时期,班主任老师组织开展了很多的班会活动,也都是为了给大家加油打气,缓解压力吧。大概距离高考还有一个月的时候,班主任又开了一个考前冲刺的班会。当时作为班上从竞赛回来成绩较好的同学,老师希望我能够在班会上发言,想借此激励大家不断地朝着心中的梦想进发。记得当时我的发言稿中有这样的一段话:

高分背后的故事

"那段竞赛的岁月已经过去,但从中所获得的财富不正是我们勇敢迎接挑战的动力吗?正因如此,现在的我们就更应该抛弃心中的优越感,甩开肩上的包袱,更加自信地迈向前方。

想想曾经拥有的那份执着,就像那时一样,对知识怀抱钻研到底的那份干劲,不懂就问,遇到难题就学会坚持,带着对知识的控制欲和一种渴望,多加深入地思考。与同学交流,和老师沟通,直至把知识把玩于股掌之间。

想想曾经拥有的那种紧迫,就像那时一样,学习再紧张,也要在时间的缝隙中找出时间来。用昨天的夜半挑灯,换今天的金榜题名。多读、多记、多写、多练,用努力换来成效,用成效搭建阶梯。

想想曾经拥有的那份理智,就像那时一样,在紧张的学习中保持清醒的头脑,明晰自己的目标,拟订好每个阶段的计划,在做题时永远细致认真,在犯错后永远透彻地反思总结。永远能够理性地审视自己,发现自己的不足,然后沉稳地去努力弥补。不慌,不躁。

想想曾经拥有的那种斗志,就像那时一样,充满自信,从不气馁。把困难当作磨砺,把失败当作考验。永远面朝大海,也永远不忘自己的初心;永远怀揣梦想,也永远无畏地走向前方。

带着执着、紧迫、理智与斗志,勇敢地接受挑战、乘风破浪,那么心中的梦想,绝对会到达。"

我不知道这样的一次发言对于大家会有什么样的影响,但当我读完舒了一口气之后,自己的心中却产生了一种奋发向前的斗志。其实这和与老师交流是一样的,和同学们分享自己的想法,也是一种对于压力的宣泄吧。每一次的班会参与度都非常高,同学们积极地加入其中,彼此吐露心声,彼此提供建议与帮助,相信过后也一定受益匪浅。

面对压力的解决办法

高一时与朋友共同享受周末，高二时开始尝试与老师多多交流与沟通，高三时用班会来分享自己的内心，这些都是我面对压力解决压力的办法。而除此之外，学会劳逸结合也绝对是解压的一个好办法。在面对高中的繁重学业时，要学会取舍自己所热爱的事物，但也不至于全盘放弃。

课外阅读

课外阅读一直是我的所爱，尤其是那些充满悬念的故事性情节，最能引起我的阅读兴趣了。记得从小学开始，各类的儿童科幻杂志、小说就一本本加入了我的书架，每天的作业完成之后，或者周末闲适的下午，我都会用来享受这些故事。进入了高中之后，休息时间少了不少，我也少了很多时间去重拾那些冒险的阅读体验了。不过好在有学校社团这个不错的平台，把有共同爱好的我们集中在了一起。凭借着我丰富的推理小说阅读量，我在高一就加入了学校的推理社，社团里的各种活动我都积极地参与其中。大家分享自己读过的精彩故事，相互交换书籍阅读，一起看电影，一起玩推理游戏，这些的活动不仅满足了我狂热的推理之心，也在无意之中锻炼了我的人际交往和表达的能力。但读这些故事是要消耗时间的，到了高三这个时间就是分数的时段，一本本长篇小说就已经不再合适了，可阅读还是要继续下去的。我开始选择在平时的晚自习中加入了一项任务——阅读与摘抄，也借这个机会阅读了许多名家的散文和杂文。林清玄、席慕蓉还有三毛，他们的文字简洁而不失优美，不长的篇幅可以在十几分钟内就细细地品读完，而其中所蕴含的思想与哲理却能引发我的思考。我有一个专门的摘抄本，在上面我会抄下书中美丽或是精练

的好句子,也会写下我读完后的点滴感触,一个月下来就有了厚厚的一本,日积月累,这些阅读的体会无论是对自己的写作,还是语文的积累,甚至是对于自己的人生,都会是一笔不小的财富。

音乐与电影

音乐与电影也是我的特别爱好。每天睡前听上几首喜欢的歌,或者是在考前等待时哼哼曲调,对于自己放松心情真的有很大帮助。我也很喜欢记歌词,歌词就像是一首首的现代诗,朗朗上口而充满韵味。我常常把一些好的词句引用到文章中去,比如五月天的《星空》中有这样的一段:"那一年我们望着星空,有那么多的灿烂的梦,至少回忆会永久,像不变星空,陪着我,最后只剩下星空,像不变回忆,陪着我。"其中在面对未来的恐惧时,感觉着生命中的温暖回忆,从中展现出的义无反顾的勇气,让我深深地震撼着。我几次把它写到我的考场作文中去,一边写着一边就更加融入这种感动之中。在高一的时候,周末偶尔还能去看一看电影,到后来就只能抽空在假期去看一场期待已久的大作了,但这也足矣。因为电影带给我的,不仅仅是震撼的情节和画面,也有更深一层的含义。电影中所思考问题与处理矛盾的方法,也让我在遇到问题时能够换一个角度去琢磨。音乐和电影,这样艺术性的东西,不仅对心灵有所启发,也会培养一种感性的思维方式,可以让我更好地去理解这个世界。所以它们不仅仅只是娱乐和消遣,而是真真正正地可以在潜移默化之中对人产生良好影响的存在,这也让我更加放心大胆地去享受它们了,只需适度,一切都是好的。

我从没有想过自己能够成为一个多么优秀的人,但我觉得,高中这一路走来的历程,我所遇到的一切不顺和压力,都在督促着我向一个更优秀的方向前进。面对压力,我们会惶恐、会胆怯,但不能退缩顶着头皮去克服它，尝试各种各样的办法，调整自己、放松自己。压力固然会带给人焦虑，但一次次战胜压力的经历，都会让我有能力更加游刃有余地去处理以后所面对的问题。渐渐地，自己会变得淡定，也会学会用一颗平常心去对待一切的不顺。这不也是从青春走向成熟的过程吗？高中的我们，拥有着青春的勇敢，拥有着敢于去冒险的精神，我们能够勇敢地对待压力，我们也会看到更加美好的未来。仍然引用一句我最爱的歌词来做结："青春彼岸，盛夏正要一天一天一天的灿烂，谁说不能让我，此生唯一自传，如同诗一般，无论多远未来，读来依然一字一句一篇都灿烂。"

判天地之美，析万物之理

姓　　名：宋天奇
毕业中学：河南省郑州外国语学校
录取院系：物理学院
获奖情况：第31届全国中学生物理竞赛决赛二等奖
　　　　　第31届全国中学生物理竞赛复赛一等奖
　　　　　第30届全国中学生物理竞赛复赛二等奖

常有人说高考是千军万马过独木桥,然而之于竞赛,则可以说是成千盈百的精英走钢丝了。竞争的人固然少了,但到达彼岸的得意者也少了。然而真正度过这三年的物理竞赛生活,才发现风光一路旖旎,目标从未远离。从最初功利性地参加竞赛学习到今天即将踏入北大物院的大门,收获的不只是知识,更重要的是对多姿多彩的物理世界的了解。

"亲切的怀念"

记得最初报名郑州外国语学校的物理竞赛班时,并没有考虑许多。当时还不知道竞赛是什么,竞赛又是为了什么。只是隐约了解到竞赛似乎是通向理想高校的捷径,便在懵懂中走上了竞赛道路。其间有过风光、有过彷徨,现在想想,正如普希金所说,"而那过去了的,就会成为亲切的怀念"。现在就把我在物理学习中那"亲切的怀念"写下来,分享给以后有意物理竞赛的学弟学妹们。

第一,要保持对物理的兴趣与好奇

所谓"知之者不如好之者,好之者不如乐之者",假使对物理不感兴趣,那物理学习真的会成为一件"苦海无涯"的事,只剩日复一日的煎熬与挣扎,开不出艳丽的花。记得在我们班墙上,贴着整整齐齐的十个大字"判天地之美,析万物之理"。当时自然理解不了许多,只知道其中嵌入了物理二字;然而,这简简单单的十个字,却体现出了我们学习物理的意义。我们不但追求发现了世间万物宇宙星辰亘古不变的规律,而且这规律还是美的,美得让人着魔,让人就像热恋中的小伙儿一样愿意献出一颗火热的心。而想要长久保持对物理的兴趣与好奇,就要去发现其中的美,去发现其动人心魄的地方。

记得罗素在他一篇非常著名的文章《我为何而生》中曾这样写道:"我用同样的激情去寻求知识。我希望理解人类的心灵,希望能够知道群星闪烁的缘由。我试图领悟毕达哥拉斯所景仰的'数即万物'的思想。我已经悟出了其中的一点点道理,尽管并不是很多。"

正是如此,爱能抚平心口的创伤,同情心则是我们人性柔软的那一面。然而知识,她不像爱,不能立刻激活我们的大脑来分泌多巴胺,但她却无时无刻不在吸引着我们,如一个动人的女子。正所谓我们为什么要登山,因为山就在那里;我们为什么要探索这个世界这个宇宙的终极答案,因为它就在那里。

生活中的物理同样美妙,虽然我们在高中并未学到很多的物理知识,但这也已经足够我们解决一些实际生活中遇到的问题。最起码,我们在看硬科幻时会更容易区分其中的科幻与现实吧。记得曾经在一本由匈牙利人编写的名为《200道物理学难题》的书中看到过这样一道题,讲的是一对情侣常常一同散步跑步,然而女生发现,正常跑步时两人的速度基本一样,但走路时女生感觉很难赶上男生,问这到底是为什么。是不是很有意思呢?是不是发现生活中好像就是这样?走路时常常抱怨跟不上大长腿,但到跑步的时候感觉也差不了多少嘛。解答只是用了几处近似,构建了一个钟摆的模型,就回答了这个问题。你是不是觉得很奇妙呢?所谓"不看不知道,世界真奇妙",而物理恰恰就是打开这奇妙世界的一把钥匙。司空见惯的现象中或许就蕴藏着一个简单而又深刻的道理。这丰富多彩的世界,正静候着我们的探索。

第二,要保持谦虚的学习态度

一个人知道得越多,就越知道自己的渺小,这样才能不断进步。正如海若对河伯说的一样,"观于大海,乃知尔丑,尔将可与语大理矣"。比如在高中物理的学习中,大家往往会觉得,牛顿三大定律很简单,看一眼就明白了。是的,它的确很简单,但有一次我们老师给我们出了几个关于牛顿定律的"简单"问题,却让我们犯了难。他问我们,牛顿三大定律的适用范围是什么?我们想,自然是惯性系了。非惯性系中不受力的物体会有一个加速度,三大定律自然不成立了。可老师又问我们,什么是惯性系啊?嗯,惯性系?似乎满足牛顿三大定律的参考系叫作惯性系,可这样不就绕回来了吗?之后老师又问我们,第一定律是第二定律的特例吗?第一定律和第二定律到底是什么关系?等等不一而足。可见不是这些知识简单,而是我们过于简单地认识了它。后来的学习中,才渐渐认识到原来动量能量守恒才是比牛顿三大定律更普适的存在,而牛顿第二定律和拉格朗日方程也有异曲同工之妙。所以说,学无止境,唯有谦虚好学才能收获更多。

第三,有关具体的学习方法

我们初中老师曾说,不要只顾低头拉车,还要抬头看路。若是道路崎岖,自然难以走快;若是此路不通,就不要浪费时间了。而我觉得,高中物理以至竞赛物理的学习还是有一定的方法可循的。

对于高考方面,记得我们初中物理老师在教我们伊始,就曾这样对我们说,不要觉得物理大题难,无论会做不会做把公式写上去就好了。其实高中物理也是这样,解物理大题无非就三个方面:分析情景,选择合适的物理模型列出公式,最后求解。而对于竞赛方面,只是模型公式更复杂了一些,解题步骤的变化是不大的。

而在这三个方面中,列公式是相当关键的一步。有些同学到这一步就畏葸不前了,然而就像我们老师所说的一样,无论会不会先把公式列出来。其实高中所学,公式是很少的。力学无非就是匀加速运动那几个公式,加上能量守恒、圆周运动;而电磁学是库仑定律与带电粒子或通电线圈在磁场运动的公式。多乎？不多也。君不见化学反应式洋洋洒洒，比物理公式可是多太多了。况且物理公式用起来也是很简单的，但有同学可能觉得：简单什么啊！好多变量啊！是的，物理公式中都是字母，但这么多字母中只有一两个是未知量，其余的都是或明或暗已经告诉我们了；否则，那么多变量几个公式怎么求解呢？这物理大题，就好比是打麻将三缺一，而缺的那个就是我们所要求的那个答案。或许有时，**题目中"犹抱琵琶"，乍一看"云雾缭绕""峰回路转"**，这就是所谓的高考中的难题了。实则也算不上难题，只要不慌不忙，一步步把公式写完整了，找到已知量与未知量的关系，便能"柳暗花明"，问题也就迎刃而解了。

列公式相当重要，但求解时的细节也不容小觑。比如今年高考物理的最后一道大题，对于我的许多同学而言，应该是不成问题的，况且平时也有类似的练习。可结果他们好多都没有完全做对，问题出在哪里呢？这自然不是因为他们不会或者说看见题目无从下手，问题是出在细节上。大家到了高考的考场上自然就紧张了，而且有的同学是最后做物理大题的，一看时间不多，再一看题目好长，就着急了。列公式时一不小心少了一项或者掉了一个正负号，或是加减计算中算错了，看似一个小小的错误，可能会导致你后面的计算都不得分，到头来白忙活一场。我自己就犯过这样的错误，在物理竞赛省赛时，有一道计算电容的题目，是我擅长的题目，打眼一看心中就有了思路，大笔一挥就唰唰唰地写了起来。但等到考完看到标准答案的时候就轮到我傻眼了，我的思路是正确的，然而我在第一步计算的时候少除以一个二，更重要的是我每一步计算中都代入了具体数据，这就意味着我的每一步计算都是错误的。而结果就是这道题目我几乎没有得分，这也算好好地给我上了一课，学弟学妹们可不要像我啊！

如果大题你都能轻松KO掉的话，我觉得小题就更不成问题了。做小题的时候，在保持正确率的前提下，要注意速度。一般来说，小题里面总有一两道题很难计算，有的同学就算啊算，算啊算，虽然做出来了，但时间也过去了许多。我觉得，做选择题的时候，不一定非要把每个选项都计算出来，能够判断出结果就可以了。但你可能会说，不算出来怎么判断出结果啊？其实有许多种办法，一是量纲判断法，这也是最简便的一种，可以快速排除连量纲都不对的选项；二是系数判断法，有时几个选项只有系数不一样，这时候就可以抛开字母，只把系数往公式里边代，得出最后的系数就可以了；三就是注意分析啦，比如有些题目的几个选项是相互关联的，是一根绳上的蚂蚱，如果是单选题，那当然这几个选项都不对啦。

另外一点就是许多同学觉得物理大题比较难，所以放在最后做。但是我觉得，如果你平常练习的时候能够按时做完理综卷子的话，还是早点做物理大题比较好。因为到最后时间不多了，无论是谁面对一道物理大题，都会心急，这可是做物理题的大忌；要是因为急于动笔导致写错了，即使发现了错误也会由于着急而难以平心静气地去再次分析改正过来。而如果把生物中那些主要考查记背的东西放在最后，我相信考试时你一看时间不多就会刷的飞起，而且也很少会犯更多的错。

❈ 有关竞赛的几个方面

对于物理竞赛学习，我觉得主要有两个方面：一是广泛而深入地学习，二是多多练习。而对于物理竞赛本身，我想谈谈物理实验，竞赛和高考的关系这两个方面。

广泛而深入地学习

可能你要说了,什么叫广泛而深入地学习啊,这不矛盾吗?其实这可以是不矛盾的。广泛而深入是指针对不同的知识点,进行有区别地对待。广泛强调的是不要有盲区,针对的是竞赛中的边缘方面,比如广义相对论,我们不需要定量知道引力场对时间是怎样影响的,我们只要知道处于引力场或匀加速运动中时间是相对的,它们是可以等效的就好了。竞赛中较少出这样的题目,即使出了这样的题目,也会附上详细的背景资料或是提示。而我们若是之前对此有过一定的了解,猛然看到一个这样的题目心中便不会那么紧张,这会有助于我们顺利地解出这道题目来。

而深入,针对的则是竞赛中的关键方面或是对高中生来说较为生疏却又十分重要的方面。前者如能量动量守恒的综合使用,后者如微分方程和光学中的主面成像。对于前者,要做到更深入的理解,比如做功问题,在不同参考系同一个力的做功是否完全一样呢?又有什么区别呢?在非惯性系中又是什么样呢?往复运动的钟摆在匀速运动的参考系中拉力又是如何做功呢?等等。这些问题竞赛中肯定不会直接考,但它们对我们理解某一公式或是性质有着不可或缺的作用。后者则是我们解决难题的法宝。

那么如何做到这些呢?自然是在老师讲课的基础上,看一些拓展的书籍,比如我们竞赛生非常熟悉的程稼夫老师的《中学奥林匹克竞赛物理教程·力学篇》,以及同一系列的《电磁学篇》和《热学、光学和近代物理篇》。还有比较有趣的,比如上面提到的《200道物理学难题》,里面的题目十分有趣,有脑洞大开的男孩要把一只猛犸冻起来,有萌萌的噬钛外星小人把星球钻了一条又一条通道,还有那只只会朝着兔子飞奔的猎犬……里面的题目非常有意思,却也十分有难度,大家可以试一试。

多多练习

下面就说到练习了,其实这方面两个字就可以概括了:多练。所谓书山有路勤为径,学海无涯苦作舟。记得曾经在知乎看到有一位网友说,经常有人感叹别人有什么样的天赋而自己没有,所以也做不到那样的高度。其实哪里是天赋的问题,实际是勤奋不够的问题,世界上的大多数人还到不了比天赋的时候,我深以为是。到达彼岸的路途有长有短,但不付出足够的努力是肯定到不了的。做题大多数时候是一件无聊的事情,但是这确实是最重要的一环。书本上只有公式,真正学习解题的方法还要靠做题。特别是物理竞赛中有些题目的解法十分巧妙,使用常规方法计算十分烦琐或者根本就解不出来,这些方面只能靠练习。但练习时也要注意循序渐进,先易后难,先常规题后巧题。上来可以先做一遍自主招生的题目,然后是省赛难度,再之后难度慢慢往上加。而且我建议最好选一些难度略高于自己水平的题目,这样进步或许会更快一些。

物理实验

物理竞赛很重要的一方面是实验,不像生物或者化学到全国决赛阶段才有实验,物理在省赛阶段就有实验了。其实我觉得竞赛实验还是很有趣的,特别是到了准备国赛阶段的时候。每当历尽千辛万苦整理完实验数据发现与正确数值接近一致时,心中就会充满成就感。当然也会有做出来的结果差了"千山万水",比如少了一个数量级的光速什么的。这就免不了许多次推倒重来。其实做实验失败是很正常的事情,而且我发现反而是在实验做失败之后才能学到更多的东西,因为失败了就不免要分析一下是为什么失败的,从中就能发现许多之前忽略的事情,之后再做一遍就会顺利许多。

而且，许多物理实验是非常漂亮的，密立根油滴实验里所说的漫天雪花是真的，有的雪花飘落，有的雪花飞扬，纷纷扬扬，绝对猜不到这漫天雪花居然是一个一个的油滴。更不必说光学实验了，干涉衍射的图样都是十分优美，尤其是在迈克尔逊干涉实验中，在自然光的条件下，看到仅仅在那极短的距离上才会出现的五颜六色的干涉图样，十分神奇。或许你对光的波动说还不是很理解，但当你完成了这样的实验之后，肯定会相信光的确是一种波。

竞赛和高考

可能大家对学竞赛还有的一点疑问就是会不会影响高考啊？其实我觉得，影响不是很大，学习竞赛要求在这方面有更多的兴趣，同时是在学有余力的情况下学习的，占用的也主要是自己自由支配的课余时间，所以说只要安排好是可以两边兼顾的。竞赛无非是多了一次机会，把握住了最好，没抓住也不会影响高考，而且学到了更多的东西，学到了另一种思考问题的方法，提高了自己的自学能力。

总之，我觉得学习物理竞赛让我收获了许多，不仅是学到了更多的知识，也不仅是带我来到了燕园，更重要的是它让我初窥世界的奇妙，就像我们班中的标语所说的"判天地之美，析万物之理"。

高中生涯之经验和教训
——暨第二次人生总结

姓　　名：王瀚枢
毕业中学：福建省泉州第五中学
录取院系：工学院

顾名思义，这篇文章其实是我对高中以及之前学习生涯的第二次总结。而第一次总结是在"博雅计划"的自荐信当中进行的，主要阐述了我的理想和一些思考。此番第二次总结，我主要想从以下六个方面展开。

物理竞赛——兴趣和自学

初三那年我遇到了我的物理启蒙老师，他以其突出的教学能力和人格魅力培养了我对物理的兴趣以及一些良好的学习习惯。这种兴趣在高中的体现就是，我参加了三次物理竞赛和一系列的暑期竞赛培训。在福师大培训的时候，我买了一套福师大的大学物理学习资料，它成了我高中阶段自学普物理论的教材。这套书的语言简洁生动，运用简明易懂的高数知识，阐述或推导了许多基础而经典的物理定律。我被深深地吸引了，做了两三本的笔记。这些笔记至今仍是我学习物理的重要参考资料。

显然，普物知识（或者说物理竞赛的内容）主要靠的是自学，而支持我一直自学的动力，是兴趣。高二年级的暑假我进行了"封闭训练"，基本上都在学奥物，当时除了希望进入省队以外，原动力还是兴趣。在满足兴趣的过程中，我也培养了自学能力。

现在我对"兴趣"又有了新的理解。当我们刚接触某一事物，比如学习某一学科时，感到兴致盎然，这便可以称为兴趣。但随着学习的深入，我们会逐渐体会到所谓的"三受主义"，即学习是一个"忍受、接受、享受"的过程。起初的浓厚兴趣将逐渐被"困于心，衡于虑"的痛苦所取代，此时我们正经历着忍受阶段。一段时间后，我们会发现之前的问题可以解决了，新学的知识我都能理解了，这便是接受阶段。经过长期学习，当我们达到融会贯通，游刃有余的境界之时，学习已成为一种习惯和享受,我们也就重新培养了自身的学习兴趣。学习之初的浓厚兴趣能带我们进入某个领域,它很重要,但还有一种更高级的兴趣,是通过"忍受、接受、享受"的培养过程而产生的,它可以长久保持。

在最后一次竞赛中,我进入了复赛考试,最终的竞赛结果是省第31名。事实证明我离省队(前7名)的目标还有巨大的实力差距。如果你问我:投入了许多时间和精力,却没有最终实现目标,后不后悔。我的答案是不后悔——满足兴趣,提高能力,同时了解自己的真实实力和差距所在,这收获于我而言,也值得欣慰。

当时我为什么不能实现竞赛目标呢?我的教训是解题能力不够强,或者说归根结底还是投入不足。我把更多时间投入到物理知识的学习和理解中,做题时间相对较少,然而在我看来这投入是必需的。其实也说明我花在竞赛上的总时间不够多,学习的效率较低,才导致没有足够的时间来进行试题的训练。毕竟有很多地方的竞赛同学,一个周末能做200道物理题,我跟他们还是有巨大差距的。所以最终取得这个成绩,也是合理的。分析和解决问题的能力,的确很重要,不论是物理还是其他学科,都是这样。

以上是一名没能完成竞赛目标的同学对竞赛的体会和总结。然而我高二年级暑假为什么敢于放下其他功课来专心准备竞赛呢?请看下文。

高三备考的经验教训

高一高二年级我的课内成绩比较好,这让我有自信在高二暑假和高三的9月中上旬进行封闭训练。9月21日完成了物理竞赛后,我回到学校开始进行高考备考。高三上学期抱着"补功课"的心态,天天夜战到12点以后(虽然很多同学可能觉得12点很早,但和我的正常作息相比这已经挺晚的了)。这种学习方式在高三上学期确有成效,至少它让我的大考平均成绩能够进入"博雅计划"的考虑范围,也算是功夫不负有心人。

为了提高身体素质,高三下学期开学后我开始每天放学跑1000米,同时晚上睡得也不早。然而我现在想来,跑步极大地消耗了我的精力,加之长期睡眠不足的滞后效应,让我在高三下学期常常晚上七八点就犯困。那时还是太年轻了,不懂得调整,只知道硬撑,一味延长劳动时间以求克服困倦,殊不知我已后劲不足,无法提高了。省质检我的成绩就下降了,这个成绩基本延续到高考,虽然考前我调整过睡眠,但前面的损失已无法弥补。

精力不足,一味蛮干,是我高三备考的第一个教训,也是最主要的教训。

第二个教训就是针对性不足。省质检我的数学是124分,现在看来,这样的成绩我必须每天做一份数学整卷以求提高,然而我并没有这样做,我还是把主要时间投入到了上升空间更小的语文(省质检语文114分,高考117分;高考数学122分)。这是一个战略性失误。

不过,如果你现在问我后不后悔,我并不会为这两个教训或为高考的失利感到十分懊恼无法自拔。因为凡投入精力,必有收获。每天跑步,可能对高考发挥不利,但我现在的身体素质,确实比以前有明显提高;数学做少了,语文读多了,可能在高考看来是不合理的,但学语文而积累的人文素养,终身受用;高考数学失利的教训,也让我认清了自己数学能力的真正水平,为我今后重视数学打下基础。无用之用,方为大用。我想,只要我们没有荒废时间,那么上帝就不会为我们关上所有的门和窗。

第三个教训就是基础知识的复习不够充分。我在高三这一年过分重视解题能力的提高,以至到最后一周了才在重新过一遍数学的考试大纲,太滞后了。高中阶段的所有知识点,在高三的前两个月就应该过一遍,之后每两个月应再复习一遍,如此反复才能充分利用好课本和笔记,在基础方面不留遗漏。我想这一教训可以为我大学的学习提供帮助。

那么高三备考的过程中有没有值得保留的经验呢?有,最大的经验就是计划的制订。我在寒假前制订了一个十分详细的寒假计划,把我寒假的每一个小时都安排好了。高三寒假是我时间利用率最高的时段,也充分证明了计划的重要性。计划安排是顶好的时间利用方法。

我的外公告诉我,凡做一件事,都应该制定蓝图、详细实施方案,然后实施计划,事后总结,保留好的经验,改变不当的安排,然后进行再实践。外公教给我的这种哲学,让我在做事情的时候可以更有把握,也促成了这篇"高中生涯之经验和教训"的产生。这是外公的智慧。

高一年级的成长

初入五中之时,人还比较天真,思维线性而单纯。这样的好处是做事情比较专注热情,比如上课时笔记做得特多。我们老师板书本身就工整而完备,我便把板书一丝不苟地抄下来,并及时复习。这样做的效果是课内知识比较扎实,足以助我在高一年级的各次考试中取得较好成绩。

除此之外,高一年级伊始我就当上了班长。那时我只懂得亲力亲为,不懂得调动同学们的能力,虽然也做了一些事,但是并没有完全尽到一个班长的职责。包括社团活动也是这样(我高一就加入了广播站）。通过一年的锻炼，我逐渐懂得如何较全面地考虑问题，合理地分配任务并发挥众人的能力，尽可能地满足各个集体成员的需求。一言以蔽之，就是"激发每个集体成员的正能量"。这种经验的总结，是离不开高一那年的亲身实践的。而这种实践的机会，是离不开学校这个平台的。因此我总觉得，学校对我有知遇之恩。

除了平台以外，高一我能有时间承担班级和社团活动的另一个先决条件是，对高中功课的迅速适应——成绩方面没有重大问题，才能有余力参加活动。这主要得益于初中教育。我初中的几位老师，不论是课内的还是课外的，还是我的人格塑造、兴趣培养、自学能力，都有较大帮助。我初中阶段遇到这些老师们，都可以称之为"人师"。经师易得，人师难求。

高二年级人文素养之觉醒

我在高中阶段遇到的另一位人师是一位语文老师。初中至高一我的语文成绩一直不好，人文素养属于未开化状态。于是在高二的时候我找了一位语文老师补习作文。他教我们什么？教我们读书：读什么书，怎样读书。同时也教我们如何从人文角度、哲学角度思考问题。他让同学们阐述自己的思考和观点，通过这种方式巧妙地促使同学们进行思考和阅读。通过不断接触一些"高大上"的作品，我的人文素养渐渐觉醒，阅读习惯也渐渐养成。积累多了，思考多了，语文成绩自然能上来。他常说：在高二我们主要进行素质教育，高三主要进行应试教育。我想，如果应试教育能较快提高一个人分析和解决问题的能力，那么素质教育更多的是培养人的教养、素养。这两类教育都是读书人所不可缺少的，不过我认为素质教育的影响更加深远。

除了语文老师的点拨,我在高二那年能提高人文素养,还得益于两本书。一本书是《论语》,一本书是《哲学与人生》。

小时候我看过一本《漫画论语》,感觉写得很好。到了高二,语文老师向我们推荐《论语》,语文考试也要考《论语》。那时我就对《论语》感到莫名的亲切,于是我就一直读,并尝试背诵。读了之后,不仅能在语文基础和作文考试中运用,更重要的是能指导我们向善。"古之学者为己,今之学者为人",告诉我们应该为何而学习。"先事后得,非崇德与?"先做自己该做的事,而不去计较之后的回报,这不是崇尚道德吗?《论语》中散发出来的精神力量,能够激发我们自身的正能量,在我们迷茫、疑惑、愤怒、恐惧之时,给我们指出一条正路。这是一本适合于终身学习的书。

《哲学与人生》是傅佩荣写的。这本书语言简明易懂又富有哲学深度,很适合作为哲学的入门书。哲学的本质是爱智,从热爱智慧的角度对人生进行思考,这对我们塑造一个积极向上的人生观,是很有帮助的。《哲学与人生》中洋溢着这样一种情怀:哲学离我们并不远,每个人对人生的思考,都是一种哲学。为什么我们不勤于思考人生呢?就拿填报志愿这件事来说,我们是应该不断思考,提前明确自己的目标,还是在出分后到填志愿之间的短短几天内,再来考虑或由别人左右我们人生方向的选择呢?

另外,高三上学期我读了一本《自控力》(凯利·麦格尼格尔著)。此书语言浅显幽默,易于接受,阐述了自控力的原理和提高方法。我读后受益匪浅。

一位老师,两三本书,促成了我高二年级人文素养的觉醒。我觉得这是我高中学习生涯中最重要的部分。然而,这样的人文素养对于大学生或成年人来说,是远远不够的。要读更多的书,持续读书。

父母、老师、教育和人生

总体来说，我父母对我的教育是很成功的。

小时候自制力不强，父母就帮我控制时间。每周只能玩一个小时电脑游戏，大部分时间都要用来学习。父母一直跟我强调学习的重要性，小时候我只是记着，直到高二年级读了哲学，我才能彻底理解学习和教育的意义。

我觉得我的父母是从小到大仅有的会直截了当指出我错误的两个人。父母不是教育家，但却能够用这种简单、直接、客观的方式匡正我人生的道路。虽然我小时候觉得不易接受，但现在想想，若没有父母的严格要求，我就不会是今天的我。真心感谢父母。

除了父母家教以外，老师的教育对我的人生也是很重要的。在前四个部分，我已陆陆续续提到了初高中老师对我的教育，此处不再赘述。子曰："友直，友谅，友多闻，益矣。"父母和老师，好比我人生路上的直友、诤友，忠言逆耳。我这样的受教者，需要保持观念开放。如果观念不开放，那么再好的教育资源，也大多只是被浪费。

然而，随着年龄的增长，接触的真理越来越多，我们会发现，很多真理是互相冲突的，很多观点都有它的道理。可能父母、老师认为同学们应该这样做，但同学们会觉得这种做法不合理。我们会发现，在我们的人生路上，"没有一种正义标准可以放之四海且贯通古今"，我们必须在不同的情境下，判断那种真理标准更合适。

从幼年步入成年，我们的人生变得复杂。这复杂不是指钩心斗角、互相算计，而是说我们必须多进行思考和判断，而且常常是独立地做出思考、选择、取舍。我们无法再像童年时那样轻松快乐，但同时也说明我们更有能力，能够承担更多的责任。

子曰:"思而不学则殆。"如果我们希望在人生的重要关头能尽量做出相对正确的思考和判断,那么我们必须终身学习,终身受教育。一生保持观念开放,不断地学习新知或温故知新,我们才可能解决更多人生的难题。这是学习和教育的意义之一。

而且,学习是一件需要敏感度的事情。学得越多,敏感度就越高,便能学得更好。一段时间不学习,学习能力就会下降。因此我们应该通过不断学习,来培养自己的终身学习能力。

"得天下英才而教育之,三乐也"。学习和教育,乃人生一大乐事。

我对北大的认识和对未来的展望

我为什么喜欢北大呢?主要原因是我十分看重通识教育。虽然我的主要兴趣在物理,但人文素养绝对不能丢。北大是一所综合性大学,我认为它能给我充分的通识教育,让我能够以健全的人格和扎实的基础走出大学校门。

但是,通识教育并不意味着不重视专业能力。高考让我明白了"专"的意义。比如数学,学得专、学得精,对一名理科生来说,是必需的,不能以通识教育为名而忽视数学等基础教育的扎实学习。

与小升初、初升高类似,进入大学,也必有一个适应和衔接的过程。我想我应该在入学前做好大致时间安排,入学后两月内摸清大学课程的学习方法,在大一暑假前明确我大学四年的目标(特别是一些重要事件的时间节点)。这是我对我未来的要求,也可以作为学弟学妹们在新学期开始前对自己的要求。总之,提前做一定的计划,能够让我们对未来有更明确的方向,这是展望未来的一种有效方式。

在北大这般藏龙卧虎之地,必有一些同学现在已经明确了大学四年的计划,甚至已经提前学习了许多大学课程。我跟这些同学之间,可能就存在或多或少的差距。这个时候,我们必须能够接受、欣赏、学习别人的优秀之处,同时明确自己的水平所在,以一个正确积极的竞争心态去努力,去提升。我想,对即将进入新学期的每一位同学,都是这个道理。

何兆武说过:"幸福最重要的就在于对未来的美好希望。"我觉得,面前正有一个光明的前途,一个能让我大开眼界的世界等着我,我对未来充满希望,我觉得幸福。但是,我也知道,前头会有很多困难等着我,"所以动心忍性,曾益其所不能"。这些困难可能会带来痛苦,然而我必须保持乐观。

家 庭 篇

题诗寄汝非无意,莫负青春取自惭。

北大，你也可以 /刘立军

刘翼/ 回首三年的路

家长姓名： 刘立军

基本情况： 山东青岛市黄岛区急救中心副主任

子女姓名： 刘　翼

毕业中学： 山东省青岛市黄岛区第一中学

录取院系： 光华管理学院

获奖情况： 第31届全国中学生物理竞赛三等奖

2013年全国中学生生物学联赛山东赛区二等奖

中国化学奥林匹克初赛一等奖

山东省三好学生

青岛市三好学生

✽✽✽家　长✽✽✽

可以说，我家与北京大学有颇深的渊源。据家谱记载，先祖自海州迁至山东后累世为官，传至四世时有兄弟两人是太学生。而据季羡林等大师考证，北大传承着中华近两千年国家最高学府——太学和国子监学统。时光穿梭到2009年，我姐的儿子王怀乐考入北大政府管理学院；2015年，我的儿子刘翼考入北大光华管理学院。在家乡创造了一段"一门双北大"的佳话。

于是，"基因优秀""书香门第"的赞誉纷至沓来，也被乡邻归为孩子们成功的原因。这个我当然不会否认，但我也知道，刘翼身上其实具有大多数孩子都有的优点和缺点，比如有点小聪明、比较听话、调皮爱玩、写字潦草、有点小粗心等等。今日光鲜亮丽的成绩背后，其实也有老师们的海人不倦，也有孩子们的艰苦付出，也有做家长的诸多心血。如果能够做到各方协同形成合力，那么我会说：北大，你也可以！

就让我以家长的视角，阐释一下我的"育儿经"吧！

一是要爱孩子

是的，要爱孩子。确切地说，是要让孩子感受到父母的爱。这就要求父母不仅供给孩子吃穿，还要多跟孩子进行精神上的交流，实时关心他的成长，分享他的喜怒哀乐，走进他的内心，做他真正的朋友。对孩子的好以及生活的艰辛，也要说给他听听，让他感受到父母的不易。做到这些，孩子就会很懂事，会对你敞开心扉，与你无话不说，听你的话。孩子听话与有自己独立的见解并不矛盾，我们所有的人生智慧和经验都想传授给孩子，如果孩子不愿"洗耳恭听"，那么一切都是空谈。所以从这个层面的意义上来讲,我认为孩子听话与否是衡量一个家长成功与否的重要标志。

二是不要溺爱孩子

我很推崇"先严后松"的教育理念。在独生子女等于掌上明珠的大背景下,很多孩子容易被惯坏,在家里呼风唤雨、颐指气使,变成了"小皇帝",在父母、祖父母、外祖父母,甚至七大姑八大姨里唯我独尊。这样,孩子怎会听从师长的教导呢?怎会养成谦逊、好学的品行呢?

我对刘翼的做法是说在明处,落到实处,赏罚分明。对他的每一点进步,都由衷高兴,及时给予表扬鼓励,在合理的前提下满足他的一些小愿望,让他时常保持乐观和感恩的心态。对于他的每一次过错,或是学习不认真了,绝不姑息,严肃认真地讲明道理,并给予适当的责罚,让他吃一堑长一智,别再犯类似的错误。当然,所谓责罚只是手段而不是目的,也不能依靠"家长式作风",要让孩子心服口服。

三是要培养孩子良好的心态

相比学习来说,帮助孩子养成良好的心态更重要。从小就要培养孩子乐观、积极、向上、健康的人生态度,塑造其良好的本性;教会孩子做人的原则和处世的态度,教育孩子懂礼貌、与人为善,懂得感恩以及宽容;教给孩子生存技能,如何交友,学习一些社会常识和经验。当然这些培养都是要从小开始的,事无巨细,潜移默化。在初中以前,抓住一切机会给孩子提供素质教育,接触传统文化、琴棋书画,陶冶性情;初中后加强学习,掌握考试规律,逐步适应应试教育。

四是帮助孩子确定学习目标，做好人生规划

预则立，不预则废，要做好一件事情必须提前做好准备。2009年在刘翼刚上初一的时候，恰逢他的哥哥考入北大，于是我们借机和孩子一起制定了一个远大目标：一门双北大，与哥哥一起组成闪耀的双子星座。为实现理想，时常给他描绘美好灿烂的前景，不厌其烦地鼓励他"你行的""北大其实就在身边"。敦促他要努力实现自己的人生价值，教育他无论平凡与否，不要得过且过碌碌无为，明明白白地告诉他今天的刻苦学习是为了什么，不能"要我学"而是"我要学"。

我们还把远大理想分解成一个个阶段性目标，比如初一保持在级部前15名，争取夯实基础；初二保持在级部前10名，如高楼平地起；初三保持在级部前5名，好似大厦竣工；要求他高一至高三分别保持在级部前10名、前5名及领先。目标也并不是每次都能够实现，但好在一直在这线上线下浮沉。随着他在前进的道路上不断品尝挫折的苦涩和成功的喜悦，激励他一直保持昂扬的斗志和兴趣，我追求的效果是孩子在磨砺中保持一颗平和与上进的心。在2012年中考中，刘翼取得了原胶南市第3名的较好成绩，仅比第1名和第2名低0.5分和0.1分。在2015年高考中考出了712分的好成绩，为青岛市理科第1名，山东省第10名（裸分全省第5名）。

制定目标时，要正确估量孩子的实力和发展前途。既不要过高让他难以企及，有望尘莫及之叹；又不能过低，失去前进的动力。

五是坚持规律学习，养成良好习惯

作为学生，我认为刘翼已经养成了良好的学习习惯。每天早晨起床后即开始听英语磁带，培养听力和语感。晚上放学回家，饭后立

即开始写作业,写完作业即进行检查,如果时间比较充裕就练一张字。稍事休息后开始对当天学过的内容进行全面复习,特别是背诵作业、知识点笔记和整理错题本,复习结束后即预习明天将要学的课程,其中不懂的问题是第二天学习和必须解决的重点。睡觉前有时间的话,就看点阅读或者教辅类书。到周末,一定会及时完成并检查作业,全面且快速地复习上次考试以来的学习内容和整理错题本,预习下一星期的课程,确保还能拿出较大的空闲用来游戏、出门和运动。这样周而复始,坚持不懈。心无旁骛的学习习惯养成后,会节约大量时间,刘翼完成好上述学习任务显得非常轻松。初一每晚在8点半前上床睡觉,初二为9点前,初三为9点半前。高中阶段住校,学校于10点熄灯,所以上床睡觉从不超10点半,高考期间也不例外。

爱玩是孩子的天性,让他从无拘无束到遵规守纪要经历一个较长的过程,在这个过程中的确需要家长的监督和约束。为了帮助孩子养成良好的学习习惯,我曾坚持三个月不外出应酬、不看电视、不玩电脑,每晚陪在他的房间里安安静静地看书,对他的不良坐姿随时纠正,对他的学习进程及时提醒,对他的作业质量按时检查,对他的复习内容定期进行提问。经常要求他细心、认真、坚持、勤于总结,并且要把作业当成考试,把每次考试当成查漏补缺、总结经验教训的大好机会。好的习惯养成后学习就走上了正轨,一切都有条不紊让人省心。

六是教育孩子亲其师、信其道,抓好课堂学习

这一点非常重要。我跟孩子讲得很多的是,一定要好好听老师的话,认真听老师讲课,老师是非常辛苦的,要尊重老师的劳动,老师都是为你们好。孩子对老师感情上亲近了,他就会学习得更加自觉,学习得更加有兴趣,听课也就会更有效率。据孩子说,他在老师讲课

时很少走神，积极思考并踊跃回答问题，勤于动笔做好课堂笔记。

七是家长要跟上孩子成长的脚步

孩子长大了就会有自己的主见，尤其在上高中住校后，做父母的虽然的确省心了，但我感到在与孩子沟通方面更需要用心，要注意方式方法。孩子小时，家长们多是简单的命令式，我说——你做；现在则要采取商量式，我建议——你参考。这之间的转变会是一个艰难的心路历程，好在这是孩子成长的结果，只要孩子心理不逆反能够接受正确的意见，那么，我们就心甘情愿地逐步适应这种变化。

刘翼学校离家并不远，为了锻炼自己选择了住校，对此我持开放态度。每半个月回家一次的时候，我们尽量多陪孩子。改善一下生活，联络一下感情，了解一下校园趣事，介绍一下国内国际热点新闻，传授一下人生经验，让他感受到，在父母心里自己是何等的重要以及家是怎样的温暖。我认为家长尽管工作很忙，但如果错过了孩子成长中的一些重要节点，那么无论职位多高财富多雄厚，都将是人生一大缺憾。

因为潜移默化的关系，所以也可以说父母是孩子的老师，所以我们尽量给刘翼多传递正能量。比如2013年冬天我参加了职称考试，在准备阶段，以这样的年龄，经常学习到深夜，多次凌晨两三点钟起床看书。这些孩子看在眼里其实也心有感触，我们不要求他有这样的做法，但要求他有这样的精神，有这样的劲头，勤奋、拼搏、吃苦耐劳。

我想，只要家长们做好上述的凡此种种，孩子一定会健康快乐地成长。如果孩子们自身努力，再合理地利用天时地利人和，你将一定会说：北大，我也可以！

子 女

经过高中三年努力,我很幸运地取得了理想的成绩。下面就总结一下我的学习心得,也希望学弟学妹们再接再厉,谱写自己的辉煌。

关于学习方法

首先一点,便是听老师的话

其实,听话与有主见并不矛盾,要我们听话也不是做牵线木偶。老师们经过多年教学,都会有自己的心得,也能更好地发现我们的问题。他们会指出我们的问题,并点明前进的大方向,然后便是我们结合自己特点自主学习。有时候难免与老师的思路相抵触,这时就需要多与老师沟通,一味闷头自学是行不通的。

其次,作为一个理科生,便要多刷题

我不推崇题海战术,但多做综合题却是必不可少的。尤其在高三下半年,刷题对我们来说已成为一种习惯,因为这对于综合能力的提升十分关键。找到自己的弱项,再针对这些弱项进行练习可以得到很大的提升。像语文的选择中的字音字形,全靠多做题、多积累,才能逐步完善。

还要注意对标准答案的研究

有时,我们做完一道题对答案时,若是做对了,很有可能这道题就此放下,不会惊起一点水花。这种现象在数学上尤为严重,也带来了很多不良影响。其实答案解析不仅可以为不会的同学解答疑惑,也可以为做对的同学提供答题模板。根据往年高考数学批卷情况来看,有不少同学做对了却因步骤不全而扣分。本来140分的水平,高考可能过不了130分，十分可惜。因此，在平日的练习中，我们应用心对待每一道题，充分发挥它们的价值，而不是为了做题而做题。可以根据题型每种选几道题，剔除题干条件，剩下的就是答题模板了。不要忽略每一个步骤，也不要只看一道题，因为在这一道题中没有分数的一步，在另一道题中可能变得十分关键。

速度与质量并重

这一点往往被大多数同学忽视。很多同学十分重视自己做题的准确性，但往往会答不完题，十分可惜。这就要求大家在平时便要锻炼自己的"紧迫意识"，二十分钟的题量争取十五分钟做完，久而久之，答完卷就很轻松了。但重视速度不代表要抛弃质量，的确，提速的时候很容易粗心马虎，这便是瓶颈所在。上一届的学长曾建议我们建立"理综陷阱"，我觉得十分实用。把平时做的题目挖的"坑"以及自己经常出错的地方及时整理总结，考试前看一看，可以引起警惕，便不会那么容易失误了。到后期，失误扣分是阻碍我们提升的症结所在，一定要想办法杜绝大面积失误。

善于整理，条理清晰

在平时的学习中，有的同学在找书、换书上便耽误了很长时间，在时间异常宝贵的高三后期，是很不应该的。条理，不是要求把书摞得方方正正，只要做到想用什么书随时能找到便可以了。而且到临近高考时，各科整理的笔记还有语文的作文素材，若是散乱在各处，怕是复习起来不会很容易，所以在开始时就要统筹规划，条理清楚地做好笔记存放工作。

做到有头脑地学习

在以往的学习过程中，我发现一些同学的学习存在很大的盲目性。他们只是针对弱科去做大量习题，却没有先找出具体的薄弱环节,再去针对练习。就像一个人物理不好,他可能是力学方面存在漏洞,也可能是电学,或是电磁学。若是不加分析埋头乱学,只怕是缘木求鱼,终无所得。因此,想要有效提升自己的成绩,必须在针对练习之前做好准备工作,分析自己的优劣所在,而不是无谓地浪费时间。

关于学习经验

粗心,这是我永远的痛

从小到大,几乎每次考试,粗心都陪伴着我,无论我念或不念,都在那里,不离不弃。于是,深受其害的我揭竿而起,踏上了坎坷的追寻细心之旅。平时不重视,只是临时抱佛脚,二模时繁多的失误终于让我清醒。此后,我开始注重平日的每一次练笔,不放过每一处失误。渐渐地,失误开始减少,到后来,就不再是我的困扰了。结合自己的经历,我认为,克服粗心,必须从平日做起,从心底重视,只在考试时自我提醒是没有丝毫作用的!只有经过平日一点一滴地积累,我们才可以养成细致的习惯。

而效率,则是我成功从千军万马中脱颖而出的秘诀

所谓"天下武功,唯快不破",当拥有远超他人的效率时,在相同甚至偏少的时间内,我们完全可以取得更多的进步。我有时会听到一些同学抱怨即便熬夜苦学,也不见提升,这便是效率不高的结果。若是一道题应该用二十分钟解答,而自己用了半个小时,还是没能完美收官,那么熬夜挤出的时间便没有作用了。而且,熬夜学习可能会影响第二天的精力,往往得不偿失。

心态,也是我不得不提的一点

高中三年,尤其是高三,会有铺天盖地的考试袭来,突飞猛进、发挥失常都是不足为奇的。这时,便需要我们调整心态,不要为一次成功而得意,不要为一次失败而消沉。没有人可以永远站在世界之巅,即便富有如比尔·盖茨,也终将成为历史和过去;同样,没有人会一直失意,只要你足够努力,就如尼克·胡哲,无手无脚依然阻挡不了他成功的脚步!

然后一点,就是注重劳逸结合

没有人可以不眠不休地学习,一味埋头学习反而可能降低效率,得不偿失。到了高三后期,一点小事就能让全班哄堂大笑,其实这也是一种调节,可以松弛我们紧绷的神经。大家平时也应该注意一下,学会自我调节,正所谓"我要笑着走向生活,无论生活以什么方式回敬我"。心态调整好了,才能精神百倍地应对紧张忙碌的生活。而调整心态的方式有很多,比较常见的是找老师或同学沟通交流,又或是同学们聚一块谈天说地、胡侃一通,心情便会明媚许多。

最后,则是条理的问题

无论笔记、错题,抑或是重要的知识点,若是经过条理地归纳,不仅便于日后的温习,而且会显得赏心悦目,减少我们的视觉疲劳。试想,书桌凌乱的同学,效率又怎能与整洁条理的同学相比?一个做事认真的人绝不会容忍一个杂乱的书桌,一屋不扫,又何以扫天下?从平时就注意起来吧,整洁的习惯绝对可以令我们受益终生。

关于老师和家长

对考生而言,老师和家长便是坚强的后盾,时时保驾护航,使问题消弭于萌芽状态。单单依靠孩子自己的努力,是很难在艰巨的备考中坚持下来的。父母不仅应该从生活上关心孩子,在学习上同样不能掉以轻心。

而老师作为最接近孩子的人，也往往会因班上学生众多而不能面面俱到，这时便需要学生主动与老师交流、沟通。我高三的班主任，在下半学期要求我们考试后主动找老师分析，而不是被动地坐等。渐渐地，我们由原来的不情愿，转变为了争先恐后，纷纷缠着老师不撒手。正是与老师有较多的沟通，我们班才在高考中普遍取得了理想的成绩。

而我高二的生物老师，进入复习时曾要求我们每天将复习过的章节的基础知识点整理下来，看似费力而毫无用处，却帮助我们巩固了基础。很多同学喜欢做题而不愿意拿出时间巩固，这便带来了学习不扎实的问题，而听了老师的话就可以有效解决这个问题。

有了以上两个例子，我们不难看出，对于老师教给我们的方法，一定要着力落实。就像前面说的，老师会指明我们前进的方向，听老师的话会使我们受益良多。

关于学习与爱好

到了高中，我们就会发现学习与业余爱好的冲突愈加激烈，若是处理不好两者的关系，到头来吃亏的还是我们自身。在小学，甚至初中时，我们还能在周末抽出时间自由活动，但到了高中，尤其是高三，这几乎就成了奢望。我们的目标是高考，那就要为此拼尽全力。到了高三后期，即便是我们班主任赶我们下去上体育课也很少有人听从，这与刚上高三时我们哭着闹着要上体育课形成了鲜明对比。到了后来，我们都意识到了时间的紧迫，黑板上方的倒计时绝不是说说而已。所以，我对同学们的建议是，为了学习，我们是可以适当牺牲我们的爱好的。这不是应试主义，也不需要任何人逼迫，如果亲身体会到了高三的紧迫，那么没有人可以无视周围同学的努力而置身事外。

当然,也有的同学可以处理好学习与兴趣的关系,即便在高三依然有心力在各种活动中奔波,并保持优异的成绩。但这毕竟是少数人,并非所有人都可以如此从容,不能果断舍弃只会一无所成。

关于心态调整

心态调整是我在前文中反复提到的,不难看出它的重要性。在心情不好时,就不要再闷头学习了,要及时放松紧绷的神经,做到张弛有度。同时,也不要放纵自己,要有吃苦的准备。学习并不是享受,没有必要让父母舍弃一切来陪读。只有独自走过了这些曲折,我们才能得以成长。还有的同学不能端正心态,对有些学科或是有些老师不太满意,从而荒废了学习,这是很不应该的。学习是自己的事,不能抱有任务观点,要从心底接受,而不是莫名抵触。只有端正了态度,才会有质的飞跃。

总之,学习是种费心力的活动,需要我们用心去做。"差不多、大概"这种词汇是不应该出现的。只有集中精力,才会得到一份从容,才会迎来一线曙光。

没有比脚更长的路,没有比人更高的山,希望大家从容向前,虽千万人吾亦往矣。

女儿和我们共成长 /赵爱芹

唐颂 / 我的感受

家长姓名：赵爱芹
基本情况：北京市丰台区职业教育中心学校校长
子女姓名：唐　颂
毕业中学：北京师范大学第二附属中学
录取院系：外国语学院
获奖情况：第13届全国创新英语大赛全国一等奖
　　　　　北京市力学竞赛区级三等奖

家　长

我们的女儿名叫唐颂,一个很中性的名字,一个很踏实上进的女孩儿。我是她的母亲,一个高中校长,一个负责任的教育工作者。她的父亲老唐,一名空军军官,一名出色的战斗机飞行员。我们本该从培养孩子的角度谈一些经验或教训,但回顾女儿成长的风风雨雨的十八年,感受最深的还是我们一起成长的点点滴滴。故此,本文还是以感性的笔触,轻轻地揭开我们一些日常生活的细节,将我们一家人在女儿长大过程中的原貌呈现出来,与老师家长们分享,与同学们交流。

十八岁的她

昨晚,确切地说,是今天的凌晨3点钟,在首都机场T3航站楼的C出口,我和老唐在期待了四十分钟之后,终于看到了女儿的身影。花色的真丝衬衫,略浅色的牛仔裤,衬衫的下摆扎在裤子里,脚上是那双陪伴她度过高中三年的旅游鞋。一切似乎都没有什么变化,女儿和同学也只离开我们八天的时间,但就在她出现的那一瞬间,看到她灿烂的笑容,看到她帮助同学推着行李车的快乐与热情,看到她一手规划的自助游的成功归来,一下子,我们突然感觉到她真的长大了,成熟了。那一刻起,我们忽然一下子站在了旁观者的视角审视面前的这个正直、鲜活、阳光的高中女孩儿,经过了高中三年的历练,她已经完全成为一个令我们欣慰的,可以交付给大学老师的,优秀的十八岁的社会公民了。

女儿的出生是在计划之中的,听闻诺贝尔得主多为3月出生,所以在连续教到第三个年头的高三年级的毕业季,女儿便按照计划开始孕育了,直到次年的3月,在欢笑中女儿开始好奇地观察这个未来她要走完一生的世界。从那时起,与其说是我们抚养着女儿长大,还不如说是女儿和我们共成长,在她十八年的人生轨迹中,我们引领了她的思想,她也在不断地给予我们启发与启迪。

她和她的故事

女儿爱读书,铸就了她的文科底蕴

我和老唐的工作都非常繁忙,孩子刚出生不久,我们便都走上了管理岗位。为了起表率作用,我们俩在各自单位都没有丢下业务,业务与管理兼顾,使得我们缺失了很多陪伴孩子的时间。女儿经常是在幼儿园里坐到黑灯,被接回家后我常常是忙着写文章,女儿独自一个人无事可做,便模仿着我们看书、看电脑、写东西。**她的个子太小,便费尽力气地搬来一个小板凳,放在书柜的前面,费力地登上去,费力地打开柜门,面对着书架上满满的书籍,随着喜好每天挑选着不同的书,拿下来,正正经经地坐在小凳子上,一页一页地翻看着,虽然什么也看不懂,却故意模仿着我们,作津津有味、乐在其中的样子。女儿就是这样认字的,女儿爱读书的习惯也是由这时候开始形成的。**此后的十几年中,我们便有意地多让她接触一些最新的书籍,特别是社会热点问题、新技术发展等各类的书籍。在高中三年,每一个假期,她更是会在老师指导下开列出长长的书单。读书,是她学生生活的最主要的一部分。为了和她一起探讨,我们很多时候也一定要同时读完相同的书籍,这样我们才会拾起内容,重新思考,我们也才会不落在女儿的后边。读书,让我们这个家庭的每一个成员,都在不断地积淀、不断地思考、不断地进步。

高分背后的故事

女儿积极、阳光、乐观、向上，不断地发展自己、服务大家是她学生生涯的主旋律

永远怀揣着梦想，永远拥有一颗积极向上的心，永远不放弃一切学习的机会，这是女儿的特点，也是我们全家共同的特征。女儿在小学时是班里的学习委员，初中时第一批加入共青团，成为班里的团支部书记，高中时又竞聘成为学校学生会外联部的干事，热情为班里服务、为同学服务，在同学和集体的成长中发展自己。我们欣赏并鼓励她为大家服务、为别人做事，期望在这个过程中培养起她自己的责任意识。事实上，她做到了。

女儿有着广泛的兴趣爱好，她可以从不同视角去展现生活的多姿多彩

我家老唐自幼修习二胡，影响着女儿三岁学画画，六岁学二胡，七岁学舞蹈，十三岁学声乐。她的作品在中小学生艺术节竞赛中经常获奖，稚嫩的画作被刊登在优秀作品集中，悠扬的二胡曲目也征服了老师，在她十一岁时就考取了二胡业余九级的证书。小学六年级参加金帆舞蹈队，经常外出演出和比赛，促进了学校与外省市其他学校的校际的交流。初中三年担任学校合唱队的主力，站在国家大剧院的舞台上展示学校的风采。丰富的业余爱好，多彩的学生生活，传递的是快乐、健康、阳光的精神风貌。

女儿的视野广阔，她从小小的身影开始，便将世界的思维纳入到自己的思想

女儿还在幼儿园的时候，我每天要利用下班时间去学习第二学历的课程，在她小学二年级时，我又去新加坡学习一年，经常的沟通与共享，使得我们全家都以一种开放的态度让女儿成长。小学二年级起,便让她参与小记者报的交流团远赴日本进入接待家庭学习。之后,相继支持她到韩国、新加坡、英国、意大利、北极等多个国家或地区的多所学校进行交流与学习。开放的视野,让她能很小时就能海纳各国各地的思维,激发自己的探索与创新。做一个优秀的地球人,是我们共同的目标和梦想。

十八年的抚育,十八年与女儿的朝夕与共,女儿的成长中有我们一天天的期盼,却也有着最自由、最放松、最平等、最充实的快乐。正是如此,到今天,最让我们欣慰的是,我们一起帮助女儿具备了优秀的品质,具备了健康的心理,具备了积极向上的态度,具备了开阔、开放、不断追求卓越与创新的精神。还有几天,她就要踏入大学的校门了,自己选择的学校,自己选择的专业,一切的一切,都期望着,在未来四年最美好的大学生活中,她能在导师的指导下,和同学共成长,和我们共携手,去实现那个不断长大、终能成才的梦想。

子 女

我以高考成绩666分,有幸获得机会进入北京大学学习。现在,我希望将我学习生活上的一些感受与大家分享。如果能够对学弟学妹有所帮助,我将感到十分荣幸。

一些学习上的经验和心得

学习是长久的事情,高中三年所积累沉淀的,在第三年得到最为明显和整体的体现。因此说到学习经验和方法,我最先想到的便是我在高三一年所做的总结。而高三一年的学习,对于学习能力的提升和学习成果的巩固有着关键作用。因此,把握这一年至关重要。下面,我将从两个方面讲述我的经验和体会。

1. 高三是与高一高二不同的一年

为什么很多同学都会面临对高三不适应的问题?因为高三一年的学习节奏、生活节奏都与前两年有所不同。

变化最大的是学习方面,也是我们要重点来关注的。课程安排上,每天六门主课和体育课都会逐一呈现,只是有的时候因为教学工作上的安排,会出现连堂课的情况。课程的数量减少了,难免会让人觉得单调,而连堂课更有可能让人丧失注意力,这就是学习上的挑战之一。课程内容上,各科老师都继续着复习任务,但是不同科目间仍旧会有一些差别。以文科为例,历史需要记忆的内容较多,因此老师将侧重点放在对教材内容的深度阐释和整合上;而地理需要记背的内容相对较少,实用性与变通性更强,因此老师往往会更多引导我们在实战练习中把握课本内容。其实,不只是这两科,各科都会在课堂内容上体现出一些特色,如语文的注重积累和政治的体系鲜明。这就产生了学习上的挑战之二,也就是在纷繁复杂的科目间如何转换思维,找到平衡点。学习压力上,自然也是往日无法相比的。骤增的作业量,庞大的记忆量,使人感到学习负担格外加重。每天的考试和一次次的排名,紧张而又跌宕起伏的心理状态中,心理压力与日俱增,甚至身体上也会出现问题,这就是学习上要应对的第三个挑战。

2. 高三是对高一高二有所传承的一年

有的同学看到上面那么多的不同,可能会感到十分无力,不知如何下手。实际上,上述问题的本质,就是要适应新情况并使新状态成为常态。而这其中的关键,就在于寻找高三一年与前两年的相同点。

我们可以逐一分析。课程安排上,固然有的课程没有了,然而别的课程依旧在。前两年的学习习惯和方法,到第三年可以沿袭,节奏就不会被打乱。对于老师提出来的新的建议,可以去尝试并逐渐融入自己的一套中。最重要的不是任何一种都要尝试,而是将他人的东西内化,使之成为习惯。至于学习疲劳问题,一方面可以通过增加休息解决,根本上还是要树立信心,在将要松懈的关键节点能够拿得出激励自己的东西。根据大家的经历,相信每个人都明白决心不是恒久的,它会随着时间而逐渐淡去,你很快又会感到疲惫,但是只要你重新捡起来,又会感到冲劲十足,这就形成了良性循环。

课程内容上,高三是延续高二下学期的复习进行的,只有个别科目还在进行主干知识的收尾。说到不同,高三只是更加注重整合与体系梳理,知识永远是不变的。也许对于部分同学来说,真正让人感到心烦意乱的是各科间的转换,但其实这也很简单。尝试在完成作业、复习、练习期间对任务进行分类,如记背类与练习类,或是语言类与应用类,将各项类型的任务穿插进行。比如我可以先看语文词

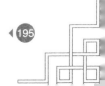

汇,再做数学题,然后完成英语阅读,做完地理练习,最后进行政治和历史的知识框架梳理。这样一来,不仅仅是大脑会保持活跃状态,也能锻炼自己应对科目转换的能力。各科之间其实很难弄混,知识与方法反而是相通的。高考的时候,特别是文综和理综,需要大脑进行很快转换,因此这个问题不要去逃避,而应将其视为对自己的考前锻炼。

学习压力是一个恒久的话题,从刚入学时我们就在对抗它。现在人人都说高三压力大,给很多人造成了不必要的困扰和担忧。实际上,说高三压力小是假的,但是即便身体和头脑感到疲惫了,心里也不能承认。一旦心里觉得累了,就很难再产生动力,甚至会产生消极应对的想法。同时,可以在一些日常做法上缓解压力,如进行体育锻炼,和同学进行友好交流等。在必要时候,还可以向老师寻求帮助。

说到底,高三与高一高二在各方面都是有共通之处的,不要因为变化了就胆怯,也不能因为起伏而丧失信心。每个人所面对的都是必然要经历的,有的人适应得快,有的人则慢。快了要注意保持,慢了更不能怀疑自己。在万变中寻不变,不过头也不守旧,把握平衡点,相信大家会逐渐解决一些随着第三年的到来而新生的学习上的问题,并开始适应高三生活,踏上正轨。

老师和家长

在我们拼搏的过程中,有三类人是一直陪伴我们左右的。老师、家长和同学,看似寻常,但却有可能对我们产生巨大的影响。在这种情况下,处理好和他们的关系,就变得至关重要。

首先是已经教导我们两年的老师们,他们是我们学习上的领航员,生活中的好帮手。老师对我们的影响是很大的。我们对一个学科的兴趣、在某一学习习惯上的培养、学习任务的完成度,很大程度上都取决于老师对我们的影响。所以要信任老师,只有信任,我们才能全身心地投入,全身心地享受大家一起努力的高三时光。对于老师教给我们的学习方法和学习思路,要肯定其中的价值并进行尝试;对于老师对我们的批评和建议,要虚心听取,而不要采取怀疑的态度,因为每位老师都是希望同学们越来越好的。另外,要善于利用老师为我们提供的资源。对于一些不确定的问题可以向老师咨询,新产生的想法可以和老师分享交流,而生活中的一些困扰也可以对老师倾诉。与老师的交流不仅是十分有意义的,更是必要的。学习上,老师能够发现并纠正那些你很难发现的问题,并使你的思路更加清晰;生活上,老师可以以过来人的经历为你提供建议,让你在学习之外也能合理把握自己的日常活动。因此,不要因为胆怯或是以没有时间为借口,错过和老师的宝贵交谈时间。最后一点,也是很容易被忽视的一点,就是要体恤老师。任课老师每天都要用很长时间备课、批改作业,甚至是看晚自习,而年级主任就更不用说了,他在各方面都关照陪伴着同学们。所以不仅仅是同学们,老师们同样辛苦。但是为了不影响同学们,老师即便有心中的苦闷,也要用积极饱满的精神来迎接每一天的工作。老师们将同学们视作家人,而作为学生的我们,便要理解老师,并力所能及地帮助老师。这里的帮助可能是帮着搬作业、改作业,或者是送上一杯热水这样的小事,甚至只是对辛苦一天的老师说一声谢谢。再细微的举动,都能让老师感到温暖,都是对和谐的师生关系做出的贡献。

　　再者是家长,家长也许在学习上不能帮助我们,无法给出学术上的建议,但是却在生活上无微不至地照料着我们。你们会时不时地产生争执,你也许会觉得烦躁,也许会认为你所做的只不过是对学习压力的宣泄。其实，即便不说，每个人都知道父母的关心，都知道自己的某些大喊大叫没有来头。因此，即便某些争吵不能避免，也要在之后和父母谈谈心，说说自己心里的真实想法。而在整个高三的过程中，这种交谈也是必不可少的。学校里发生的事情、一些困难的学习任务、同学间的话题，都可以和父母交流。温馨的家庭氛围，无论在什么时候都会是巨大的心理支持。

不同时间段应注意的问题

下面我将分时间段来讲述各个时期需要注意的问题，希望能够对大家有所帮助。

1. 第一阶段是高三前的暑假

这一阶段的关键词是"准备"。这一阶段大家对高三的认识还不是很明确，时间安排上基本是对高二学习生活的延续。大部分学校会进行提前辅导，一方面让大家尽早适应，另一方面也减轻了进度上的压力。同时，有的学校还会为平时较落后的同学开设特别课程，来对他们进行帮助。这一时期，大家要做的就是紧跟课程内容，并制订合理的假期学习计划。假期学习计划的内容可以包括：完成作业、读书、整理知识、做练习。具体可以根据个人的学习能力和效率来安排。同时，其中还需要穿插锻炼与休息时间。有的同学看到这里提到的读书，可能以为就是阅读课内教材，其实不然。对于想要提升自己知识水平的同学，适当阅读课外相关书籍是绝对有好处的。对于整个高三一年，假期作为一个缓冲期，仍旧是可以用来进行知识拓展的。只要愿意，时间总是有的。

这一时期，你可能已经隐约感受到了学习上的压力。作业量增加了,需要合理计划的内容变多了,假期也变得不能像传统的假期一样放松。说到做计划,开学后老师和同学们会经常为大家分享高三做计划的好方法,但是这一阶段你已经可以根据自己的复习安排进行初步尝试。具体说来,你的计划可以详细到几点睡觉几点起床,一小时内做多少道题、背几页书等等,可以说越详细越好。同时要注意落实,在每一项任务后可以进行标注,比如完成就是"√",完成一半就是"○",未完成就是"×"。还有一个不能忽视的工作就是总结,看看一天中有哪些工作用不了计划时长,又有哪些任务需要比计划更长时间;某些工作放在早上会不会更容易投入,而另一些任务分散地做会不会效率更高。这样一来,不合理的计划可以得到及时调整,学习也变得轻松起来。此外,一定要注意劳逸结合。假期的锻炼不仅仅是强健体魄,也是为着高三的体育会考做准备。现在多下功夫,到时便能专注于学习,而不至于为体育成绩分心。

2. 第二阶段是高三上学期

这一阶段的关键词是"适应"。课程数量的增加、考试的频繁、作业量的庞大,都让每位新高三同学觉得难免有些疲惫。大家一方面可以参考上文中提到的一些学习经验,另一方面要特别注意班里学习气氛的营造。面对着巨大的压力,班里有的同学可能会稍有松懈、倦怠,然而一个同学的状态,会对整个班级造成巨大影响。因此,当你感到疲倦时,看看周围的同学们正在认真复习的状态,继续加油,努力融入这一股气氛中;而当你看到周围有同学在不该休息的时间发呆、闲谈,也要稍微提醒他,因为安静紧张的气氛一旦被打破,就很难再恢复了。有的同学可能会说,班里太过严肃的氛围是我学习压力的部分来源。这话很有道理,很多同学在刚开始也都是这样认为的,但是仔细想想,这何尝不是一种回避呢?学习需要靠我们的体力、脑力、精力，悠闲懒散不能成大器，学习从来不是一件轻松的事情。在一个松不下来的环境里学习，你会更加具有动力，适应高三生活的速度也会加快。

当然，除了学习，这一阶段的生活上也有着很大变化。开学后一个月，很多学校都开始了全员晚自习。可以选择不上，但开始时退出的同学很少，所以每天晚上教室里都是很满的。对于常年住在宿舍的同学来说，晚自习已是家常便饭。但是对于从未上过晚自习的同学来说，这会是一个巨大的挑战。平日里已经在家放松的时间，现在要到学校里来紧张地复习，巨大的反差让很多人觉得疲惫困倦。对于晚自习，这里可以提出几个建议。首先，充分利用在校时间，尽量抓紧时间把作业完成，晚自习就可以用来对今天的复习内容进行巩固。有些时候作业量大，甚至晚自习结束都完不成，这时不要着急，回家后继续完成也没问题。其次，休息和饮食不能掉以轻心。有些同学会抓紧放学到晚自习之间的时间赶作业，晚饭只是随便吃点甚至不吃，这样短时间内似乎节省了时间，但长期看的话这种做法百害而无一利。饭不好好吃，身体就不能获取足够的能量，进而会影响正常的学习生活。晚自习后回到家的时间，大部分同学会选择休息一下再开始学习，晚上最晚12点半睡觉。这是一种很健康很稳定的作息方式，如果能够每天坚持，长此以往生物钟就会固定下来，第二天就不会感到疲劳了。除了晚自习，这一阶段校内的体育活动也开始了。体育老师会和大家讲解体育会考的重要性和当年的具体内容，每一点都十分重要，一定要认认真真听并作适当记录。体育课上，锻炼的强度会增加，内容也会逐渐向考试内容靠拢。如果感到跟上进度很吃力，那么就说明身体素质还不够强健，需要私下再增加练习，比如到公园跑步、在家练习仰卧起坐等。

我的感受

3. 第三阶段是高三下学期

这一阶段的关键词是"冲刺"。大家都已经完全适应了高三的生活,各科的复习也进行了一轮又一轮。这时,庞大的练习量和对真题的接触格外重要。这其中非常重要的一个目的就是实现对真实考试场景的模拟。从上学期开始,老师就会要求我们每天做作业要计时、上课练习要计时。我们有时候会觉得时间不够用,其实这正是实际考试中常出现的情况。高考题量大、难度大,如果不合理安排时间、提高答题速度,很容易出现答不完或是虎头蛇尾的情况,进而对最终成绩造成极大影响。而对时间的把控正是在一次次练习中获得的,因此每个人都要练好这一能力,切忌因为时间问题而影响了正常的发挥。说到关键词"冲刺",大家可能觉得这一阶段十分紧绷,十分难熬,但其实这一阶段在很多方面是对上一学期的延续,最关键是"求稳"。"稳"在习惯,"稳"在成绩,"稳"在心态。

这一阶段,体育会考开始如火如荼地进行了。大家锻炼的成果在这一时间得到了证实,而常年缺乏锻炼的同学则会感到乏力。这一阶段,很多同学的心理压力可能会骤增。想到自己波动的成绩,想到理想学校的高标准,自然会感到紧张和不安。但越是这样,越要记住"稳"。和老师同学多谈一谈,不要过分关注目标学校,否则会分散自己复习的精力,也不要想到高考后的轻松时刻就轻易放松下来。

4. 第四阶段就是高考及高考后的时间了

高考,其实最大的秘诀就是不要紧张,很平和地去参加,心里要放松,就像是平日里考试一样。你会发现,两天时间真的过得很快。

再过一两周,你就能看到自己的努力成果了。无论是喜是忧,只要你尽了全力,那你就是最棒的!

拿到成绩后不久,就到了报志愿的时刻。这时学校可能会组织相关讲座,各高校也会安排见面会等活动,这些都要积极参加,从中可以获得不少关键信息。至于具体的志愿,那就要在你"分所能及"的范围中选择你所喜爱的了。选择的时候要慎重,要考虑未来的职业走向等很多问题。

说到这里,我的感受也大抵就是这些了。其实还是那句话,高三从来不是轻松的,每个人都要经历这个过程而变得更强大。有的同学羡慕别人能够提前出国而不至于受苦,殊不知他们的人生已有了缺憾。最后引用一句名言吧:"有志者事竟成,破釜沉舟,百二秦关终属楚。苦心人天不负,卧薪尝胆,三千越甲可吞吴。"

祝你们成功!

积跬步，至燕园 / 谷允廷
谷平凡 / 我是一个平凡的人

家长姓名：谷允廷
基本情况：山东鲁抗医药股份有限公司技术人员
子女姓名：谷平凡
毕业中学：山东省济宁第一中学
录取院系：物理学院
获奖情况：第31届全国中学生物理竞赛三等奖
第13届全国创新英语大赛全国二等奖
2014年全国高中数学联合竞赛二等奖
2013年全国英语能力竞赛高二年级组二等奖

✽✽✽家　长✽✽✽

6月24日下午15:40分,高考成绩出来了,谷平凡考了704分。加上此前获得了北大"博雅计划"降10分录取的优惠,谷平凡北大梦想已不是梦,而是现实。我们一家三口紧紧相拥。将好消息告诉给老师、亲人和朋友,一同分享幸福。

激动过后,我和妻子盘点儿子的高考得失,发现每一科的成绩都是平时正常水平,没有超水平发挥。与妻子的分数估计仅1分之差。独立、缜密的思考能力,高效、勤奋的努力为孩子的高考打下了坚实的基础。

再回首十八年的历程,满满的是幸福。在时间的河流中沉淀下来的点滴回忆,如河流中鹅卵石一样圆润、剔透。不积跬步,无以至千里。我们一家三口,在努力前行,来到燕园。谨将这过程中的风景回忆分享给大家,希望能和大家相逢北大。

❖ 好父母是靠书教出来的

家长盼望孩子能上好学校,能遇到最好的老师和同学。但这其中有很多的变数,有很大不确定性。而很多家长没有感觉到,自己既是孩子的老师,也是孩子的同学:家长的言谈举止,习惯禀性无时无刻不在影响着孩子。要培养好孩子,先要培养合格的父母。有很多家长对孩子有很高的期望,严格要求孩子,而自己却问题一大堆。好孩子必出自于好家庭,将自己培养成合格的父母,才能教育出好孩子。

记得孩子刚生下来,母亲告诉我:你们工作忙,也不会带孩子,交给我来给你们养,养大了再给你们。我和妻子商量很长时间,还是决定自己带,忙的时候,将老人接来,也要将孩子留在自己身边。老人带孩子,给予的爱太多,而教育不够。

现在很多家长聚在一起,谈论更多的是孩子的教育。这是好事,社会更多的目光也投向教育,这是社会进步的表现。但却很少有人谈到家长的教育,相比孩子的教育,家长的教育才是更为缺失。家长教育孩子的理念从哪里来?从父母那里来,教育理念在潜移默化中传承,但很多教育理念已经落后;从朋友交流中来,别人家的孩子与自己的孩子及家庭文化有很大的差异,有片面性;靠自己悟出来,家长对教育孩子的悟性会很差。要成为好家长,必须学习。现在书店教育孩子的书很多,都是教育专家或成功家长的呕心之作,仔细研读,对提高家长的素质,改变教育理念,更好地教育孩子有很大帮助。

在孩子出生以后,我和妻子一起读了很多教育孩子的书:《卡尔·威特的教育》让我们认识到当好父母原来是要学习的;《好父母好孩子》让我们认识到要想教育好孩子,要先教育好自己;《哈佛女孩刘亦婷》提醒我们要当尽职尽责的好父母等。在孩子高中的时候,一起读《我送孩子上北大》系列书,感受那些家长、孩子的北大脉搏,做北大家长要做的事;我们也一起读《陪孩子走过高中三年》,感受作者对女儿宽松的爱等等。有些书,我们读了不止一遍,每一次都有每一次的收获。

亲人、朋友、同事都在谷平凡考上北大以后,向我请教秘诀,我总是将这些书的名字告诉他们。

我也上网,更多的是浏览心仪大学的网页,了解她的历史、发展动态、院系设置、科研成果等。

我也加群,是北大群,群里的信息量真的很大,而且十分宝贵,有些家长的经验是很多书上没有的。重要的是:我将这作为提高自己的一个补充。

正是因为学习,我们知道如何站在孩子角度看问题;正是因为学习,我们知道如何与孩子相处;正是因为学习,我们与儿子和谐、快乐地前行;正是因为学习,我们知道:做父母是天生的,而做好父母是要学习,不要带孩子参加各种酒场,那对孩子没有任何益处。

如果说,我们在教育孩子上有秘诀的话,那就是:家长要学习如何教育孩子,如何成为一名合格的家长。

好孩子是父母"陪"出来的

习惯决定行为,行为决定态度,态度决定成败。谷平凡有哪些优秀的习惯?从来没有迟到过;从来没有不完成老师布置的作业,甚至在高一、高二作业量大,焦急得掉下眼泪,也要完成作业;至今不会骂人,乃至说脏字;至今还没有看过成人电视连续剧;至今还没有喝过一滴酒等等。同事们经常问我孩子考上北大的秘诀。我回答两个字"习惯",良好的行为习惯帮助谷平凡考上北大。

而更多的家长在为孩子的坏习惯苦恼着。其实,坏习惯也是父母"培养"的。

孩子小时候,我们工作之余的时间,基本上是在陪孩子玩:一起看动画片,《蓝猫淘气三千问》《西游记》《葫芦娃》成了我们家的最爱;一起做游戏;一起做手工,谷平凡姥姥手工做的"GOGO"简直是工艺品;一起进行唱歌比赛;一起下五子棋等。整个家庭是一个快乐的游乐场,孩子信赖我们,和我们是好朋友。我们也在快乐中寻找已经远去的童年,重温童年的快乐。在这个过程中,孙悟空的机智、葫芦娃的勇敢、蓝猫的快乐与聪明都在"培养"孩子的性格与习惯,润物细无声。

孩子上高中后,高一年级不住校,我和妻子总是晚上一起去接孩子,在路上,我们会聊聊天,说说学校的趣事,讲讲笑话。每天晚上,孩子10:00放学到家的十五分钟,是我们一家最轻松、最快乐的十五分钟。我们会掌握班级的动态、老师的习惯,以便对孩子的状态做有针对性的调整。

高二年级,孩子搬到新校区住校,我们经常到学校去看孩子,一起吃吃饭、交流,了解宿舍情况。感觉宿舍环境不太好,晚上孩子休息不好,经常出现夜间一两点钟孩子因为压力大睡不着觉,打电话给我们的情况。孩子提出到校区附近租房,我们有些犹豫但还是同意了。租房后,我们又可以陪着他了,沟通无障碍,节约了孩子很多时间,孩子成绩也在一直提升。

假期里,我们陪孩子去体会泰山的雄健及壮美、大海的辽阔与清丽、黄山的秀丽与奇异等。我们知道,有一种爱叫放手,我们更知道,在未到放手时,需要"培"和"陪"。

在孩子上高中的时候,谷平凡以优异成绩考上了济宁一中和济南外国语学校。一个是百年老校,一个是教育新锐。我犹豫了,一中好,但毕竟是地级市学校,而济外是省城教育最好的学校。妻子很坚定,上一中,孩子还小,还需要我们的陪护。儿子更想到广阔的地方去飞翔,而且他喜欢外语。最后的结果是上了济宁一中,儿子因为没有上济外,一直耿耿于怀,还大吵一架,以我们向儿子道歉而结束。至今我都无法判定当时的选择正确与否。后来,拿到北大通知书以后,我们问儿子,当时的选择济宁一中是正确的吗,儿子点点头。上济外,也许有更好的结果,但我们当时感觉孩子还小,还需要"陪"着走过高中三年。

在陪孩子的十八年(还差两个多月)的历程中,可以说,是我们的细心培养了孩子的好习惯,是我们的精心培养了孩子的良好品德,是我们的爱心培养了孩子的爱心。

其实一切都很简单,当家长接受完当好家长的培训后,剩下的就是享受陪伴孩子的幸福了。

好孩子是靠书"熏"出来的

谷平凡还不到一岁的时候,坐在床上,我们给他一本书,他用两只小手拿开,头低在上面装模作样地看。可是他总能拿正,我们给他倒过来,他总是要正过去。我们很惊奇,也很激动。

谷平凡没上幼儿园的时候,我们就给他读《半小时妈妈》《幼儿画报》等,他总是在故事中进入梦乡的。

小学一年级时,我给他读了《木偶奇遇记》,皮诺曹说谎话长出长鼻子,不学习贪玩,长出小尾巴,变成一头蠢笨的驴子。这个故事深深地影响着谷平凡,他不想变成驴子,要学习、要有知识。小学老师推荐很多名著,《钢铁是怎样炼成的》《绿山墙的安妮》《小王子》《汤姆·索亚历险记》,以及曹文轩的《草房子》等,再大一些读了巴金的《家》《春》《秋》,林语堂的《京华烟云》,霍达的《穆斯林的葬礼》,余华的作品等主流名著。健康、传统、积极的文学作品,对谷平凡的世界观、人生观的形成以及健康的价值观构建有很大的影响。

《绿山墙的安妮》对其影响很深,聪明的安妮、爱憎分明的安妮、活力四射的安妮、勤奋的安妮,这些安妮的影子一度在谷平凡身上看到。安妮的这些良好品质在熏陶着谷平凡。

同时,曹文轩的《根鸟》及余华的作品,也曾让谷平凡忧郁了一段时间。以后,我们便很少给他买"忧郁"类的文学书。

爱看书,爱看好书,是谷平凡逐渐走向成熟的重要因素。谷平凡没有看过成人电视连续剧,也没有看过武侠小说、言情小说,读的多是经典的文学名著。而且他的课外书时间基本上用的卫生间时间,每天一二十分钟,日积月累,竟然读了这么多。

谷平凡已经养成了爱读书的好习惯。好习惯的养成,在于老师的引导,父母的培养。在孩子写作业的时候,我总是在静静地看书;家中很少招待客人,宁静的家庭育养了孩子淡雅的性格;随处可取的书使孩子始终能读到书。

书香家庭,我们还差得很远,但我们在努力着。

好孩子要培养好爱好

记得小时候,谷平凡早晨醒来第一句话:妈妈,今天我不午睡!我们哈哈大笑:孩子对生活多么热爱。孩子小时候,整个世界都是那么新奇和美好,每一天都是全新的,有很多的第一次等待去尝试。这些第一次都可以培养孩子的宝贵品质,要精心面对并加以开发。

谷平凡小时候,想学画画,我们就让他学画画;想学写作,我们就让他学写作;想学英语,我们就让他学英语;想学单簧管,我们就让他学单簧管;想停下什么,就停下什么。我们没有什么任务,没有什么指标,全由心到自然。不想在某某方面取得多大成就,我们只想孩子在兴趣中找到快乐。孩子有很旺盛的精力,要让他的精力找到释放点。

在回顾这些的时候,我们发现孩子学的每一样,都在开发着孩子的某一项品质,没有一项是多余的。孩子的单簧管在断续中坚持着,孩子一次写道:很感谢爸爸妈妈,他们让我坚持着单簧管,没有任何功利,只想丰富我的生活。是的,至今我也没有让孩子考级,但他的水平已经比较高了,每当孩子在吹奏的时候,那悠扬、厚重的曲子让我陶醉。甚至在高一、高二学习特别紧的时候,我们每周都坚持着学习,其实是一种放松。而且在学习单簧管的过程中,练手指的灵活、训练记忆、陶冶情操。

谷平凡还无师自通地学会了吹奏陶笛,业余时间经常吹奏。

谷平凡在小学、初中、高中的学习过程中,一直都在进步,我感觉是音乐训练了记忆,培养了思维。

好孩子是"放"出来的

记得谷平凡刚上初中的时候,对猛然间课程的增多有点不适应。成绩只能是中上等。我有点着急,晚上给他进行辅导,但补了好长时间效果不明显。后来,妻子负责照顾孩子的学习,她的管就是"放",只在孩子遇到困难寻求帮助的时候,共同研究,决不主动辅导。慢慢地,谷平凡找到自己的节奏,形成了自己的方法,成绩很快突飞猛进。

在"放"这一点上,很感谢妻子,在小学时,她就养成了谷平凡很多自己的事情自己来完成的习惯,倒是我经常越俎代庖。

在初中、高中的时候,看到人家的孩子上辅导班,我们担心孩子落下来,也想给他报周末辅导班,但被班主任劝阻了。孩子自主学习,养成独立思考的习惯,才是最重要的。

谷平凡小学成绩仅是优秀,初中是从中上等进步到突出,高中是从优秀到突出:他一直在进步。其实在孩子初中的后半程,我们已经不大管孩子学习了,反而对他成绩会越来越好充满信心,因为他学习已不是死记硬背,他已经形成了缜密的思维和自主思考的能力。

到了高中,他敢于说:"老师,我觉得您说的不对。"他发明过很多解题新方法,找到过很多模拟题甚至高考题的错误。虽然这个过程常常会花费很多时间,但他很享受那种喜悦,而且这还使他对知识理解得更加深入、透彻。

孩子的学习上，家长要多"放"一点。

向梦想近了一步

谷平凡小时候梦想是做一名老师；后来经常看《今日说法》，又想做一名法官；再后来，进入济宁一中，济宁一中学校数学、物理底蕴深厚，他又喜欢上了物理。在填报志愿的时候，毫不犹豫地选择了北大物理学院，要做一名物理学家。我们都理解并支持着，我们希望他能在自然科学领域做出一点成绩。

考上北大，有了最优秀的同学，跟着最优秀的老师，去探索自然科学的奥秘，是多么幸运的一件事，希望他能珍惜每一次相处、每一次聆听、每一点触动、每一寸光阴。

考上北大，只是向梦想近了一步。

谷平凡，你是一个平凡的人，唯有努力才能取得成绩。如果能有幸取得一点成绩，在历史的浩瀚长河中，你依旧很平凡，很平凡。

高分背后的故事

✳︎✳︎✳︎子 女✳︎✳︎✳︎

🉠 我不想当第一名

从小到大,对我影响最大的教育理念就是:做一个平凡的人。

在华美瑰丽的艺术殿堂中,你只是一个俗人;在博大精深的科学世界里,你只是一个愚人;在脱颖而出的天才精英中,你只是一个凡人。

所以,你是一个平凡的人。你要学会敬畏,学会学习;你要忘掉名誉,忘掉攀比。

一直很喜欢杨绛的一段话:"惟有身处卑微的人,最有机缘看到世态人情的真相。一个人不想攀高就不怕下跌,也不用倾轧排挤,可以保其天真,成其自然,潜心一志完成自己想做的事。"是啊,荣誉与赞美总会冲昏人的头脑,使人止步不前。踏踏实实,勤勤恳恳地完成自己认为有意义的事,才是对生命最好的回馈。

经常有人会这样说,"我发奋努力,就是为了向别人证明我的能力""就是为了让别人看得起我""就是为了让那些曾经看低我的人后悔"。诚然,追求尊严与别人的赞美是每个人的本能,可如果把它当作一个人的最终目标,就未免太过空虚。换言之,假如有一天,你取得了超越别人的成就,你获得了梦寐以求的赞美与尊严,此时又应何去何从呢?你实现了自己的人生目标,难道就要在荣誉中活一辈子吗?

我出生在鲁西南的一座小城,父母家都是像我一样平凡的人,他们从不向我施加压力,不逼我要考第一名、要考上一所什么样的大学、毕业后要挣多少钱。他们希望我平平凡凡,一辈子简单快乐。督

促我不断向前、不断努力的动力,是我知道自己长大以后要成为一个什么样的人,要如何实现自己的人生价值。我喜欢不去打扰别人,也不被别人打扰,一个人静静地在角落里学习、探索:就像周六晚上在寒风中推走车区里最后一辆车子,心中却因充实的学习感到饱满而激动;就像周日早晨踏着晨露走进教室,打开校园里的第一盏灯;就像坐在书桌前,看着笔尖在午后慵懒的阳光中跳跃闪动……我觉得,学习是一个获取知识、提升能力的过程,是一个丰富自我的简单充实的过程,而不是一个明争暗斗、斤斤计较的痛苦而又黑暗的过程。正所谓"不忘初心,方得始终",这也是为什么我选择了北京大学物理学院。在我心中,北大是一个纯净的地方,一个自由的地方,一个远离喧嚣的地方,一个可以踏踏实实地治学的地方。"大师身旁宜聆教,未名湖畔好读书",我希望将自己的一生献给伟大的科研事业。

我的高中班主任给我们的毕业寄语是:"诚信仁义在胸,道德责任在肩。乐观、谦恭,勤勉做事,本分做人。""唯学习,让我们不断觉悟,让我们内心从容。以谦卑之心,蕴崇高理想。智圆行方,平凡而伟大。"我也正是在这样的教导下走过了我的三年高中生活。三年中,我从来没考过年级第一名,只是偶尔考过几次班里的第一名。我也从来没有想过要考第一名,因为对我而言,第一名是复杂的:它既意味着荣誉,也意味着压力;意味着同学们的目光,也意味着老师的关注。我知道自己不是最优秀的人,更怕在"第一名"的荣誉与压力中迷失了自己的初心。**我常常对自己说:"把那些赞美与掌声都献给最优秀的人吧,你只是一个平凡的人,只需要默默地学习、探索,让拼搏的青春无愧于自己的内心。"**

"世界上最高的山峰是什么?""珠穆朗玛峰。""那第二高的山峰呢?"很少有人能说出是乔戈里峰。于是,很多老师和家长便以此来激励自己的孩子要勇争第一名,不能满足于第二名。然而人们并不知道,珠峰由于日益增多的登山者和游客的到来,正在遭受着严重的环境问题;而乔戈里峰由于知名度较低而人迹罕至,至今仍保持着其原有的姿态。在现实生活中,有些人喜欢追求第一,有些人不喜欢。在我看来,并不是所有的事情做到第一才是最好。处在一个较低的位置,更有利于我们清醒地认识到自己的不足,更有利于我们踏实、专注地继续前行。换句话说,不追求第一名并不意味着放弃努力,而是要在静默中不被打扰,始终如一、不忘初心地坚持努力。

总而言之,我觉得陪伴我走过十几年学习生活的,就是这样一颗平和的内心。她帮我解决学习的路上的许多疑惑;她告诉我不要太在意别人对自己的看法,要坚定、踏实地走自己的路;她告诉我要直面生活中的压力与挫折,抱怨与烦恼永远解决不了问题,不如放平心态一点一滴地完成任务;她告诉我要接受并欣赏比自己更优秀的人,是他们无私、真诚地为我树立榜样,指明了前进的方向;她告诉我要正视自己的种种缺点并一个一个地改正。她教会我谦卑,教会我敬畏,教会我不骄不躁、不忘初心,在追梦的道路上一步一个脚印地走下去。

学习要细水长流

我的学习方法是这样的:基础年级学新课前要预习,预习的方法就是反反复复地看课本,然后做课本上的习题。看课本要做到两点,第一要细致,课本上的每一句话都要理解它的含义,提出的问题要认真去想。第二要学会联想,课本上的每一章节都不是孤立的,要学会把新知识和从前学过的东西联系起来,构建知识体系,通俗地说,就是要知道这一章节讲的是什么,为什么要有这一章节。课本上的习题一般都比较基础，从中可以总结出很多做题时要用的规律方法，比方说数列那一章课后的一些习题就是让证明数列的常用性质，这些东西很多教辅书上也会有，老师上课的时候可能也会讲，但看一遍或者听一遍的效果远不如自己做一遍然后总结出来好。

然后是听课，和看课本一样，听课也要有整体感，要学会把握老师整节课的节奏。如果只是机械地跟着老师走，可能会感觉老师讲的每句话貌似都跟上了，但一节课下来好像什么也不记得。笔记是必需的，但课上的笔记没必要记得太整洁，可以先记下来要点，然后课下再整理。记下来的要点可以是老师讲的重点内容，但最重要的是自己联想到的东西以及对课堂内容的体会，比方说课上老师讲了一种重要的思想方法，然后回忆起以前曾经用过类似的思想方法，这时一定要把它记下来，然后课下把类似的东西全都翻看一遍，这会有助于将课堂内容理解并记忆得非常深刻。课堂笔记整理得越早越好，因为时间长了可能对课堂内容会有遗忘，对一些问题的体会也不如当初那么深刻了。

课下做作业前，我一般先把课本再看一遍，然后回想一遍这节新课的内容，然后才开始做题。做题时把有价值的题目标记下来，做完后再从头整理。什么是有价值的题呢？第一，错题和不会做的题肯定是有价值的，因为它们可能反映了这一方面你的薄弱环节，通过这些题要把这节课常见的易错点总结出来，比方说向量平行要讨论零向量，横纵截距相等的直线可能过原点等。第二，和之前做过的题有联系的题，这种联系可能是同种结构，或本质相同而问法不同，或是解法相同或相近，或是之前问题的深入推广。第三，这一章节所有类型相同的题，也就是我们平常常说的小专题。对于这些题可能抄一遍或者剪下来都比较麻烦，所以我一般都会直接在笔记本上标明题的出处，然后再完完整整地做一遍（这样能加深一遍印象）。以上是对于数理化生的学习方法。对于语文和英语,我觉得最重要的是坚持积累,每天要留出固定的时间(一般总共一节课为宜)练习以保持手感。

高一高二课业相对宽松,每天的自习课加上一些零零碎碎挤出来的时间,再加上周末全天的自习基本上能够完成这些工作。到了高三一轮复习的时候,复习某一部分前只需要把课本和原来的笔记都看一遍。虽然已经整理过一遍,但在一轮复习中还会有很多新的体会,而高三的题量会空前的大,肯定会遇到很多值得整理和研究的题目。由于高三进度非常快,为了赶进度,我一般会先写作业,然后每天留出固定的时间来整理,这样虽然会漏掉许多有价值的题目,但也不至于跟不上进度。

这些学习方法是我经过高一一年的摸索,结合各科老师的建议和自己的实际情况在高一期末的时候才固定下来的,不一定适用于所有人,但对我还是比较适用的。其中也有很多弊端,比方说长时间的预习、整理工作经常使我难以完成作业,长期处于为补作业而"痴狂"的状态。但这种方法也让我学得比较扎实,考前不用花太大的功夫复习。其实,每个人适用的学习方法都不同,最重要的是要有一套适用于自己的套路,然后依照这个套路踏踏实实地做下去。这个套路的确立需要实践,也需要虚心听取老师的建议。老师们一般都经历了许许多多各式各样的学生,他们提供的方法也一般都是最高效而且适用于大部分学生的。但也不要完全对老师的方法生搬硬套,因为每个人毕竟是不同的。结合自身特长,有自己特色的学习方法才是最好的。

除了日常的作业之外,老师一般还会布置一些额外的要求,比方说语文老师会要求你一天背一个范文语段,数学老师会要求你一天研究两道高考把关题,英语老师会要求你一天做五篇阅读等等。对于这些要求,我们不可能把所有的要求都做得很好,每天能做好两三项就已经很不错了。所以要根据自己的需求,选择最适合自己的方案。这就要求我们对自己的学习状态要有一个非常清楚的认知。这一段时间哪一科学得不好需要加强,就额外完成一些这样的任务(当然也可以自己制订任务),等到感觉这一科问题不大了就可以先把这个任务放一放,然后去解决其他学科更迫切的问题。

总的来说,学习是需要有计划的。高中阶段最忌盲目、被动地跟着老师走,今天背两篇范文,明天做两道数学题,结果可能到最后什么也没有坚持下来。高三下学期一轮复习完后的一段时间里,老师讲得会比较散,今天讲讲卷子,明天复习复习基础知识,当时我也被搞得晕头转向,后来才明白过来,在这么短的时间里,老师不可能把基础知识从头再来一遍,也不能把时间全部放给我们做题而忽略了基础。这时候最需要我们自己查漏补缺,根据自己的需要制订计划。另外,不要刻意地走在别人前面。比一般的同学进度快当然好,但要保证学过的内容要扎实深刻。俗话说"慢工出细活",把每一阶段的任务踏踏实实地做好了,你就已经远远地超越那些一味地赶进度的同学了。

老师,您说的不对

如果要问我的高中班主任教会我的最重要的一点是什么,我的答案是:学会独立思考。

我的班主任姓李,是一位数学老师。和其他许多老师不同,他讲课的内容并不系统。他告诉我们如果他讲的内容太简单可以选择性地不听,按照自己的计划学习;他鼓励我们对他讲课的内容当堂提出质疑,并且会很耐心地与我们讨论;他反对我们上课余补习班,因为他坚信自主学习是最有效的学习方式。

于是便有很多时候我们班一节课只研究一道题,前前后后许多同学总共提出十几种解法;有很多时候在讲课的过程中可以举手说:"老师,我觉得您说的不对。"然后他便停下来,和同学们共同讨论好久直到把问题解释清楚;有很多时候他只是简单地梳理一下基础知识,剩下的大部分时间让我们自己去学。这种"刨根问底"的风气也常常会延续到课下:很多同学对于自己不明白的问题会追着老师问,直到弄明白问题的本质;一群同学会时常围在一起和大家分享自己发明的新解法或是定律;对于一道不明白的题我们会不惜花几节自习课的时间把它研究透彻,有时为了某种方法甚至会自学大学的知识。我自己也曾经发明过很多新方法,找到过很多模拟题甚至高考题的错误,虽然这个过程常常会花费很多时间,但你取得这些成就时所体会到的喜悦感是很难用语言描述的,它会增长你对这个学科的兴趣,同时也会使你对知识理解得更加深入、透彻。"对一个问题不是轻易地相信老师或者答案,而是依靠自己把它想透彻、想明白,这是独立思考精神的最好体现",李老师常常这样鼓励我们。

虽然他严厉的批评常常给我们很大压力,但我们班的所有同学仍然非常感激李老师。在他的带领下,我们班学习氛围日渐浓厚,最终在高考中取得了优异的成绩。

男儿西北有神州

对我而言,高考就像在泥泞的山路上攀登,这条路是寒冷而痛苦的。但当穿越云海到达山顶的那一刻,万丈光芒温暖而明亮,那份胜利的喜悦和开阔的眼界,绝对值得往日不懈的攀登。

高考成绩出来后,很多人都祝贺我取得了优秀的成绩,也许在他们眼中,我是一个一劳永逸的成功者,但对我自己而言,我的路才刚刚开始。

我要将自己的青春播种在美丽的燕园里,我要将自己的汗水挥洒在祖国的土地上,我要将自己的生命融入广袤的宇宙中,我要将自己的足迹铭刻在追求真理的道路上。

男儿西北有神州,莫滴水西桥畔泪。过去的回忆固然美好,但却仅仅是回忆;北大是我生命中新的一页,我将会继续努力。也许我未来只是一个平凡的人,但我坚信,我的四年大学生活以及我未来的生命,都必将是充实而美好的。

家有仙女众人帮 /王莉莉

江赛敏/脚步不停，追梦不止

家长姓名：王莉莉
基本情况：青海第二机床厂计量室技术员
子女姓名：江赛敏
毕业中学：湖北省武汉市第二中学
录取院系：光华管理学院
获奖情况：2014年全国中学生生物学联赛二等奖
2014年全国高中数学联合竞赛三等奖
2013年全国中学生生物学联赛湖北赛区二等奖

家　长

1997年10月,清晨,妈妈做了一个梦:一个穿着白色长袖连衣裙的仙女,脚踏祥云、撒着五彩鲜花,飘飘洒洒地从天而降,妈妈笑醒了。中午,这个女儿就来到了我家。这个梦寄托了爸妈的梦想:希望女儿善良美丽、聪敏能干地健康长大。并据此给她起名:江赛敏。2015年6月26日终于出高考成绩了,女儿是省理科第2名,我们一下轻松了,女儿又可以像以往两次升学一样由着她选择心仪的学校了。她坚定地说:"我上北大光华管理学院。"我们激动地跟她说:"女儿,爸妈感谢你的坚持和努力,你呢,就要感谢武汉和大通的老师、同学们,还有招生老师,他们成就了你。"她马上向老师和校长通报了自己的成绩。十八年弹指一挥间,谁家都不敢说轻松。而我们家,爸爸常年驻守在青藏高原军营,妈妈一个人带着女儿在两千多公里外的武汉上学,其中的困难肯定要多一点,我们还是着重谈谈家有仙女十八年修炼的经历、体会和期望吧。

生根发芽,夏花绽放

从小拥有春苗一样强烈的好奇心,家有一个好阅读、有点小骄傲的小仙女

小仙女极少哭闹,爸妈曾经担心过她会不会哭,所以就长时间地看着她,看她小脑袋和小眼睛随着大人转动,进步到跟大人"啊啊"地交流,妈妈就给她唱儿歌、讲童话。满一岁就拿着图册、童话书、识字册给她讲人、物、童话和简单汉字;一岁四个月发现她见相同汉字就指着念出声;一岁七个月时认识三十七个汉字,吃饭时必须手抓画册指指点点、大人讲着故事才行。小仙女没有念念不忘的玩具,写着字的彩色纸片是她的至爱。这一习惯延续到上育才小学,别的小朋

友打打闹闹，热火朝天，她却挑一本感兴趣的书看完了才玩一会儿，老师便常跟妈妈说：你家孩子太爱读书了。二年级时，她跟妈妈说"妈妈，我要学绘画"，学了八次课，她又跟妈妈说"妈妈，我明白了，我练练就可以，不用再学了"，妈妈也同意了。很感激二年级时的班主任程老师，程老师非常爱她的所有学生，她给了孩子很多的赞赏和鼓励。孩子跟着程老师的两年太像仙女了，整天兴高采烈的，非常爱周边的人、关心周边的事，学习起来没完没了的，她一下子成了年级稳稳地站在最顶尖的那个孩子，也就顺利地进入了武汉二中的二十四班，是年级的竞赛班。回首幼年的小仙女，她进步飞快的原因首先是她有一个爱学习、会琢磨的好习惯，以至妈妈定时要到书房让她喝水、拉她起来玩一会儿，小仙女总是笑容满面地应付妈妈的打搅，心里还惦记着自己有什么没有做完；二是环境好，学校正规有序，老师同学们都很喜欢她，回家后妈妈总是在家静静地呵护她、陪着她。

少女要长大、娘心放不下，母女俩的爱犹如夏花绽放

进入二十四班后，妈妈发现小仙女变成了一个长大了的女孩，在新同学中还是很活跃：班里男生、女生都喜欢她，大家选她担任卫生委员，负责组织安排卫生执勤。她干得挺到位的，同学关系也依然很好。妈妈感到女儿一下子变得在家里、学校里都很忙，在家里做作业、预习功课很认真，花很多的时间。有空闲时间就跟妈妈说说话，常谈到班里的事、同学的事，为老师和同学们都是如此的优秀而骄傲，也为某一项活动中的一点点不足而着急。比如：拔河比赛时二十四班表现得欠佳，女儿在跟妈妈讲到这些时都着急得哭了；还谈同学们下课打嘴仗的事儿。妈妈从中知道了她是一个追随者众多又有点反应敏感的角儿。同学生日时送礼物，她告诉妈妈，让妈妈推荐几种，然后自己去挑选。到初二，她开始自己当家做主，在穿衣、吃饭上不同意妈妈的安排时,说出自己的想法让妈妈接受。那段时间,妈妈身体很不好,不久被医院诊断为自身免疫性肝炎,医生说可能只有几年的寿命,身体的不适、女儿的成熟让妈妈在管教女儿上做出了让步。暑假到部队里,下班回来,爸爸任由女儿天天缠着做电路、讲故事、打篮球,爸爸也准备放弃心爱的事业,退役回家照顾病妻和女儿。但女儿面对生病的妈妈一下子乖顺了,成绩又很快在班级领先,初三就被抽到高中进行学科奥赛集训,初三的知识主要靠自学,妈妈心里难免忐忑不安,遇上难点就请一个老师给辅导一下,每次师生都讨论热烈,上完课老师都是高兴地表扬她。很庆幸的是她能以年级第1名的中考成绩进入武汉二中,得到了高中期间120001的考试号。

诱惑太多、成功太难,成功像树上的果实熟了、而心情像秋天的落叶飘零

进入高中,女儿显然长成了亭亭玉立的大姑娘,在班上热情大方、喜欢帮助同学,是同学们公认的"开心果"。老师对她也非常信任,妈妈的病在女儿高一时奇迹般地痊愈了,一家人一样的心情:渴望上好大学、早点确定能够上好大学,特别想上北京大学。这个心情在高二竞赛失利未进入省队后就变成了压力,妈妈也不敢说太多的话,尽是宽慰孩子,说爸妈相信她的基础和实力。周日下午放假就拽着她到江滩玩滑板和漂移板,妈妈也因此喜欢上了轮滑。**妈妈常常担心女儿没有特别拔尖的竞赛成绩能不能参加北京大学的自主招生?还能不能考进北京大学?妈妈便经常给北京大学招生组老师打电话咨询,提出各种各样的问题,老师都耐心地作了解释。**老师的帮助让娘俩心里少了许多的彷徨,所以女儿高考后初次见到招生老师时就说:"老师,您的鼓励与关心让我重拾信心,重燃斗志,真的让我相信自己还能上北大,您介绍我去大通六中的一个月复习也特别适合我。"女儿利用高二暑期将竞

赛落下的课加班加点地进行了补习,开学时成绩也很快追上来了,却在家养成了"一心三用"的毛病:一边听歌、一边做题、一边吃瓜子。自称可以提高学习效率,还能舒缓紧张情绪。妈妈对此颇有微词,常拿拳头比画着要打她。好在女儿对学习、考试还是很用心,在北大"博雅计划"中也表现出众,获得了最终认可。高考出分后,她第一时间坚定地选择北大,出门到招办填好了志愿。等回到家就紧抓手机不放,好像要恶补手机课一样,妈妈的心立刻揪起来了,马上安排娘俩的西藏十七天游,然后回武汉学英语。唉!女儿要出门求学,手机太凶猛了,让爸妈的心揪起来,久久放不下。

书读万里需勤奋,半分欣喜半分忧

高中三年,当孩子的成绩跌宕起伏的时候,爸妈的心也在跌宕起伏。被北大录取了,证明了孩子是如此优秀,爸妈在骄傲和欣慰之余却心情忧虑:高考只证明了孩子的中学学习成绩,但证明不了孩子已长大成年,证明不了孩子有能力和毅力担当未来社会的建设者和领导者。以往的日子里,爸妈偏重注意孩子的学习,虽然也支持孩子参加社区志愿者活动和学校组织的各种活动,但孩子远离父母的独立性和自觉性的水平能否优秀,爸妈在期待。过去的日子已经证明爸妈的担忧大多是多余的,但我们还是要唠叨几句,让见到这篇文章的你和你的同龄人知道:爸妈喜欢什么、担忧什么……

喜欢严格自律,担忧懒散放任

中学时期,爸妈和老师对你常常是耳提面命,时时督促,就像部队里的班长管教他手下的战士一样严格。严格的培训和管理可以加速人的成长,所以中国的士兵是世界第一,无人争锋的。你和你的同学已经是全国的骄子,"江山如此多娇,引无数英雄竞折腰",相聚北大,就是为了放眼全球,就是使你们能够主动选择目标、自觉实践,并最终由你们代表北大、代表中国人争当世界第一。荣誉是中国士兵的生命,荣誉也是北大学生的生命。为了荣誉,你们要鼓舞斗志、抖擞精神、擦亮眼睛,坚持自己的理想,勇敢地投入下一场战斗。

喜欢博览群书、博采众长、调查实践,担忧闭目塞听、脱离实际

读书和学习都是在和智慧聊天,它不仅保证你的记忆力、感悟力长盛不衰,而且你的有些思想来源于此,有些见解来源于此,知性魅力也来源于此。每个时代的精英都担负着自己的使命,他们从古今中外的书籍中汲取智慧,积极探讨交流,并将理论与实践结合,从中寻求解决问题的方法、道路,培养善学、善思、善谋、善断、善处(处理实际问题)的能力。

喜欢能中流击水的健者,担忧凭栏蹙眉的病夫弱女

儿行千里母担忧,爸妈肯定会时时挂念你的健康、饮食、穿衣、休息和喜乐哀愁。有的调查显示年轻大学生的身体素质有下降的趋势,根据调查妈妈归结为以下七点:

1. 睡眠较晚。熬夜玩游戏、看电子书或卧谈耽误睡眠。

2. 饮食不科学。饮食规律被打破,忙碌时常常以泡面为食,或是食用其他低蛋白高热量的食物,还有零食,一些女生采用不科学的减肥方法,经常不吃正餐。

3. 长时间保持一个姿势看书、用电脑,不休息、不活动。

4. 有病不看或不去正规医院看。

5. 没有体育运动的习惯,或不能经常参加运动。

6. 心情不奋发、斗志不高昂,状态低迷,精神委顿。

7. 没有良好的卫生习惯,包括环境卫生整理不及时、不能对垃圾饮料、食品进行有效的抵制等。

北大校园环境优美、景色宜人，希望你能早睡早起，按时到食堂就餐，多走路、多饮水。

喜欢感恩图报的赤子，担忧个人至上的浪子

爸妈费尽心血培养你，就是希望你能成为最好的自己。心怀善良和感恩，生活愉悦而从容，时时幸福满满，老幼妇孺都会觉得亲近。人来到世界上的使命就是服务他人及众多生命。每个人都是在为别人服务，同时在接受或者享受别人的服务；当你坐在教室听课的时候，有无数的人在为你提供服务：教师、发电厂和自来水厂工人、清洁工、警察、农民、医生、管理人员等等。所以，社会花费这么大的资源培养你，就是为了今后你有更大的能力为社会、为国家，提供服务，创造价值。所以，你必须有服务的意识，要在日常生活中学会服务别人，要意识到服务别人是高贵而荣耀的事情，服务他人是体现一个人价值的机会。拥有"我为人人，人人为我"的认识和实践，你才能感受到国家的召唤、人民的需求、时代的脚步，才能感受到团体的力量。

喜欢把电脑、手机当工具，担忧以电脑、手机为伴侣

电脑和手机是高科技的成果，很先进、很科学，能显著提高工作效率和方便沟通。能把电脑、手机当工具，使用得日益熟练，那是一件好事。但是如果将电脑、手机当成寸步不离的伴侣，那就误入歧途了。电脑、手机让你时刻与外界保持联系，也让你时刻受到外界干扰，还可能影响你与老师、同学的讨论交流。建议在睡眠、上课和会议的时候，能够关闭电脑、手机的网络，让你能够专注地干好自己的事，避免干扰、避免尴尬或误事。

喜欢恋爱交友有礼有节，担忧交友不慎、遇人不良

大学是读书之所，也是交友之地，还有可能遇上你的终身伴侣。

真挚的友谊是人生最温暖的一件外套,要靠你的人品和性情去打造它。大学宿舍,四人一寝,是前世定下的相遇,与亲姐妹无异,应当互相尊重、互相帮助、互相学习,坦诚相待、好好珍惜。遇事能让则让,有难需帮就帮。可以接续课堂上的讨论,可以促膝谈心,还可以结伴出行……将会拥有人生难忘的一段回忆。

女生要多与男生交往交流,学习男生思维活跃缜密、能吃苦、动手能力强等优点。不能轻易把友谊当爱情,爱的决定应该基于平时长期细致的观察,而不是一时的冲动。不能错置爱情的地位,不能片面或功利化地对待恋爱,更不能只重过程不顾后果!恋爱会让人做出各种傻事而不自知,女孩子更易受到伤害,要懂得洁身自好,什么事可以做,什么事不可以做,在去约会的路上就要想清楚。男孩追女孩,花样繁多,攻势凌厉,有时十分让人感动。切记冲动是魔鬼,交友要谨慎。

喜欢遵纪守法懂规则,担忧麻木随意不规矩

人群中存在各种规则,有出于个体间"己所不欲,勿施于人"的个人选择,也有为了提高群体管理和工作效率的强制规定。学校和社会都是差不多的,任何事情都是按照法律、规定、纪律、惯例在运行,都是按照规则运转的。在大学学会独立,就能适应这个社会,每个人必须遵照规则办事,不可以不懂规则、违背规则,违规就会不顺利、甚至受到惩罚。所以要了解规则,进而自我管理、自我约束,每个成年人需要做应该做的事情,而不是做个人喜欢做的事情。

最后,请你记住:开学时,妈妈将你送进北大校门的那一刻起,你将永远是一名正式的北大学生,这是一种崇高的荣誉,在如此强烈的光环下,请始终保持冷静、坚持、正直、忠诚、勤劳和勇敢。

爸爸妈妈永远爱你,永远为你骄傲!

子 女

一个人的成长过程就好似一把剑的锻造过程,剑的成材要经历高温、淬火、千锤百炼;而人的成才亦是如此,要通过学习、考试、挫折起伏。只有经历小学、初中、高中十二年的锤炼,才能成就现阶段的自己。2015年6月26日终于出高考成绩了,是省理科第2名,我的北大梦想马上就能实现了,在激动和兴奋之余,我蓦然回首,觉得还是需要用心记录一下自己追梦历程,作为一个总结、一个休整以待向下一个目标前进。

学习不是苦差事,学习充满魅力和魔力

小时候,母亲常常告诉我:父亲就是靠着高考走出了农村,靠着学习改变了命运。从此,在小小的我的眼里,学习成了一个神圣的过程,学习就是一件追求幸福快乐的历程。那时候,父亲的级别不高,薪水较低,再加上几乎每个星期我都会感冒发烧看病,家中日子自然也就过得比较清贫。有时,我会觉得倘若自己能好好学习,家中的日子也许会变得红火起来。现在,虽说父亲的薪水也越来越高,我也不用为了生活费发愁,但是长大后的我,在学习中也渐渐领会到学习的魅力,一种很难说清楚的感觉,甜蜜中却也夹杂着酸涩:一次次地改变自己、突破自己让我体会到学习的甘甜,偶尔的失败带来的挫败感就是酸涩。

学习,在很多人印象中与挑灯苦读、废寝忘食联系到一起。然而,在我心里,学习是与愉快的挑战相关联的。在学习中,当你察觉到自己的变化,自然就会为自己的进步感到欣喜与激动。那么,对于你来说,学习就并非是一件苦差事,而是内心里的一种帮你战胜挑战、助

你有所进步的途径。所以说,学习中要调整好自己对学习的态度,以愉快的心态面对学习,那么你就不会厌倦学习,从而能够坚持下去,越走越远。

除了学习心态要好,学习方法也很重要。我认为用自己的方法推导公式是一个很有效的学习方法。自己独立推导一遍,不仅可以强化对公式的记忆,还可以加深我们对公式的理解。至于生物学科,我们可以自己列表格来整理相似、相近的知识点,找到知识点之间的区别之处,这样可以避免知识点上的混淆。对于化学科目,我不喜欢死记硬背反应方程式,而是在记住反应物和产物后,运用学过的配平知识现配,这样做既可以巩固以前学习的知识,还可以加强自己对方程式的记忆。而英语学科,个人认为语感十分重要,平时可以看看美剧,积累词汇。我还觉得,题海战术并非良策,举一反三才最为重要。世界上题目数不胜数,我们不可能全部见识到,更不可能全部做过。用题海战术难免会存在弊端,遇见新题型可能就会觉得无从下手,找不到题目的解题思路。我认为,举一反三才更适合我们的学习。我们可以找一些经典的题型,将解题步骤分析透彻,积累经验,这样我们就能找到所给题目条件与解题方向之间的隐性联系,从而帮助我们在接触新题型时能够更快地找到解题思路。一个好的学习方法在我们的学习过程中极为重要,诚然每个人的学习方法都不完全相同,但是找到最适合自己的学习方法才是最有效果的。

学习中确实存在许多的压力与潜在的挑战,我们要学会好好调节自己的心态。我自己比较喜欢通过听歌、看电影、和朋友聊天来调节自己紧张的情绪。当然如果你觉得聊天和看电影太浪费时间,那么可以选择听歌,可以尝试一些节奏舒缓的轻音乐,这个可以帮助我们放松心情,更轻松地面对接下来的学习。其实睡眠也很重要,我一般都不会选择熬夜,每天10点半准时睡觉,然后第二天早上早点起来学习。不熬夜可以让我们保持更清醒的头脑,学习做题时也会反应更快。

父母的辛勤付出给了我一颗快乐安定的心

虽说学习是自己的事情,好像与别人没有关系,但是这十二年中,老师与家长的帮助对我的成长起到了十分重要的作用,我一直对他们心存感激和信赖。

父亲是一名职业军人,常年在青藏高原工作,所以我的学习生活主要是母亲一手操办。母亲总是强调做人处世的重要,总是教育我要修身养性,丰富内心。学习中,她总说养成好的学习习惯很重要,她督促我在小学之前就养成了良好的学习习惯,比如说:学习时就要专心致志,玩乐时就要畅快淋漓,上课时就认真听讲,考试时则要诚实对待……拥有良好的学习习惯能够帮助我静心修习,成绩自然会比较理想。同时,母亲十分重视我的教育,还总是能够了解清楚哪位老师的课是最好的。小学时,母亲带我去学习奥数,开拓了我的思维;初三时被抽到高中进行奥赛集训,母亲请老师一对一地帮我补习初三的难点专题;高二时,生物竞赛失利,我也是在母亲的支持下,将重难点问题利用课余时间找老师补习,使自己很快地缩短了和其他同学的差距。

父亲也为我的成长付出了许多。父亲2001年回武汉上研究生,于是我和母亲也跟着父亲回到了他的家乡。过了两年,我也正是上学的年纪,父亲因为工作原因必须要回到青海的部队,所以他和妈妈做出了一个重大的决定:妈妈陪我留在武汉上学,而他自己就独自一人回去上班。他觉得我在这边能接受到更好的教育,眼界也会更加宽广,为人处世也能更加大气。所以我们一家人就开始了长达十二年的异地分居生活,一般是每年暑假我们娘俩到部队,春节爸爸回武汉过年,这样的生活并没有让我的家庭缺少一丝幸福温暖的味道。平时,爸爸每天都会打电话问候我和妈妈,经常一打就是一个多小时,细致入微的问候让我觉得距离并非父爱的阻碍,纵隔千山万水,浓浓父爱也能从电话线中暖暖传来。父亲不像母亲那么在意我的学习成绩,他的关注点总是在于我今天有没有快乐地生活,我和同学之间相处如何,有些什么有意义的事。可以说母亲塑造的是我的学习,而父亲造就的是我的人格。

老师的教育、鼓励和指引擦亮了我的双眼

除了父母,我还要感谢所有教导过我、令我重拾自信、给我指点过迷津的老师们。

感谢老师教给我书本知识,还教给我学习方法

在小学、初中时,学习主要靠老师的灌输,然而到了高中后,学习则是一种半自主式的。高中之前,总觉得只要按时完成作业就已经可以了。到了高中学习,老师管得比较松,作业也布置得比较少。开始几天,面对比初中更少的作业,我的内心是欣喜的。然而时间一长,我心中不禁泛起了嘀咕,开始质疑自己再这样下去会不会荒废学业。所以我会比初中更加认真地对待作业,也会自己找一些自己弱势学科的资料去巩固巩固。久而久之,我的自学能力突飞猛进,也更加有信心去面对未来的挑战。同时,初高中的老师都特别强调了错题本的重要性。通过我的学习实践,我也能深刻地体会到错题本的便捷之处。错题本,顾名思义就是记录了以往考试和练习中的做错了的

题目和正确解答方法的记录册。我觉得错题本中还应写下自己做错题目的原因,这个可以说比解答方法更加重要。有时候,我们会存在思维惯性,错过的知识点可能会一错再错,但是我们把自己错题原因写下来,考试前翻阅一下可以帮助我们避开错误。而且,有时候我们在考试前不知道复习什么,翻看课本和笔记效率不高、缺乏重点,这时错题本就会有很大用处,可以帮助我们高效便捷地备考复习。

感谢老师助我走出自卑,重拾信心

在所有老师中我印象最深的就是小学二年级时的班主任程老师。一年级时,因为有点男生性格,和班上男生一起玩:下课后在操场上飞奔,说话声也特别大,还总是弄得身上脏兮兮的。所以一年级的班主任就有点不喜欢我,也会因为一些小事让我面壁罚站,久而久之,我就对自己越来越没有信心:上课也不敢举手发言了,下课也不再和男生一起嬉闹,尽量把自己的存在感刷成透明。然而事情在程老师代班后发生了巨大变化,她正式来代班之前给我们布置了一篇随笔,题目不限,我现在还记得十分清楚:当时我写了一篇关于爸爸部队里的风景的文章——《塞外池塘》。老师批阅完大家的文章后问了一句:"江赛敏同学是哪位?站起来我认识一下。"怀着忐忑的心,我站了起来,然后听到了来自新任班主任的肯定与表扬。虽说程老师只带了我们两年,但是她的鼓励一直伴随着我,也就是在这两年里,我渐渐重拾自信,更加爱上了学习。现在她早已定居德国,我们之间的联系却一直没有断过,经常在网上联络。我一直非常感谢程老师,毕竟是她激发了我学习的兴趣,让我重拾信心去面对一切的困难和挑战。

感谢老师为我指点迷津、指引方向

我同样感谢北大招生组的徐老师,高二时我们家就与他有了联系,那时我正好生物竞赛失利,也因为竞赛的原因高二下学期的课一节也没有上,所以我对高考也有点畏惧和不敢面对。那时候我觉得自己一定与北大无缘了,心中虽说不甘却也无可奈何。但是与徐老师的一次次通话却让我心中重新燃起希望的火光,他鼓励我去试着报报北大的自主招生,也因为我的不争气——没有一等奖,所以给老师添了不少麻烦。在徐老师的鼓励下我填报了"博雅计划",并通过了初审,高考后我很自信凭高考成绩我一定能够进入北大,而我在"博雅计划"的测试中也表现较好,获得了降20分录取的优惠条件。我想这些与徐老师的鼓励与肯定是密不可分的。在高考前一个月,我要回青海适应一下与湖北有很多不同的考试模式,这时也是徐老师帮我联系好了借读的学校,助我最终圆梦北大。在大通六中的一个月里我近距离接触到青海的高考题型,这让我可以更加适应高考的模式。美中不足的是语文模式差别明显,虽经徐老师多次提醒要注重语文,但由于自己知识积累层面的不一样,加上个人努力和重视的不够,导致高考语文成绩还是蛮遗憾的。总而言之,我十分感激徐老师在我心灰意冷之时伸出的援助之手,是那样的温暖和细心,就像北大在我心底的感觉一样。

同学的陪伴像贴身棉袄温暖了我的心窝

我感谢成长路上一直陪伴我的一群可爱小伙伴。人生活在社会上不是一个独立的个体,而是融合在某个团体中的一个成员,在一起相处时间最长、感情最深最纯的当属同学了。在我看来,学习虽重要,但是和同学打好关系更加重要。在学习生活中有人相伴可以让我们不再孤单,一起约着去食堂吃饭、去图书馆看书、去校门口的奶茶店买奶茶是在学习生活中的调剂,是在单一生活中的亮彩一笔。用一颗热切的心去对待生活观察生活,你会欣赏同桌妙语连珠的吐槽,班委的不得不装威严的可爱,老师在课上偶尔的幽默。学习也许会带给我们很大的压力,但是如果你有朋友的话,偶尔抱怨几句倾诉一下,你会发现学习的压力也并非我们所想的那样沉重不堪。记得高三回班里上综合课之前,我一直担心回去之后会不会没有同学理我,会不会遭到别人的白眼,事实证明我的确想多了。同学们对我都十分友好,他们安慰我,也常常帮我解答我不清楚的题目,平时的活动也会拉着我一起参加。我当时想:倘若在高一时我没有和同学处好关系,结果可能就不像现在这样的了,也许会没有人和我说说话,没有人解答我的疑问……想想就觉得好可怕,所以说拥有良好的人际关系是个人生活中的一笔无法估量的财富。

梦想指引我来到博雅塔跟前

我想每个人在孩提时代都会被大人问起:长大后要去哪里上大学? 而我记得很清楚当时稚嫩的我的回答是:北大! 小学三年级到北京旅游,有幸参观了北大,博雅塔、未名湖、古色古香的建筑都给我留下了深刻的印象,于是一颗梦想的种子就这样在我心田发了芽。慢慢地,上了初中,我知道了北大是中国最好的老师和最好的学生的聚集地,也知道了并非嘴上说说就可以成为北大的学生,于是知道了自己斤两的我迈出了为梦想而奋斗的脚步。还记得初中在竞赛班入班时可以算是倒数的排名,经过一次次努力,也经过多次失败,我的北大梦在失败时激励我咬牙站起来继续拼搏,最终以中考第1名的名次进入武汉二中高中竞赛班学习。到了高中,我选择了生物竞赛,开始时希望通过保送进入北大,却不料竞赛失利,没能进入省队,没有办法还是要回头走高考的路子,支持我的仍然是孩提时的北大梦。为了梦想,风雨兼程又何妨:别人学一个小时,我就再给自己加半小时;别人能下课打闹,但我脑袋还在与难题打仗;别人可以谈情说爱,我就只能和练习题谈恋爱。念念不忘,必有回响,现在,我终于收获了儿时梦想的果实,终于能够进入北大开始大学的学习。

  如今我的儿时梦想虽然实现,我却有了另一个更美好的梦想:父亲常教育我"有大家才有小家,有国家才有个人的幸福",我愿自己通过大学的学习锻炼,成为一个于国家、社会、有所贡献、有所作为的青年。人生的路还有很长,未来的自己还有无限的可能性,每一个梦后面都有着追梦人的汗水甚至泪水,也愿自己能够:脚步不停,追梦不止!